20歳の自分に教えたい地政学のきほん

地緣政治輕鬆讀

原來如此！

全民啟蒙師超強圖解，
60張秒懂全世界！

池上彰／著
李建銓／譯

明白

前言——「地緣政治學」其實也隱含著陷阱

「地緣政治學」已經變成家喻戶曉的風行詞彙。每當談論到國際情勢，只要搬出一句：「站在地緣政治學的角度來看……」聽起來就好像學問淵博且極具說服力。

但是說實在的，「地緣政治學」到底是一門怎樣的學問呢？

每天看到新聞播報國際情勢，首先應該先弄清楚地理位置，在世界地圖上，各國處於什麼位置，並且找出哪個國家與哪個國家關係惡化。下一步，就是從各國歷史來思考問題，因為談論政治就勢必會牽扯到歷史。

透過上述的角度來看，原本掌握的點狀知識，就能連成線，並且更進一步形成一個面。如此一來，即使新聞只是一個開端，我們也能更加深入學習到世界各國之間的局勢。

但是，地緣政治學在過去也曾經遭到有心人士濫用。

第一次世界大戰後，希特勒（Adolf Hitler）取得德國政權並濫用「生存空間」這項論述——也就是「地緣政治學」當中攸關國家存亡的空間——主張「德國需要更多生存空間」，藉此侵略波蘭。地緣政治學應該是用來分析各國大戰略的工具，卻在有心人士的操弄下變成侵略他國的依據。

日本也曾利用相同手法。他們因為認為「如果朝鮮落入其他國家的勢力範圍，將會非常棘手」，所以就把朝鮮半島納為己有，之後更是建立了一個全世界沒有任何國家承認的滿洲國作為緩衝區。從客觀的角度來看，這就是不折不扣的侵略。

不只如此，他們還更進一步生出了「大東亞共榮圈」這個構想。本來是「海權國家」的日本，將觸手伸向「陸權國家」，最終導致失敗的結果（此處提及的「海權國家」與「陸權國家」都是「地緣政治學用語」，關於該用語，本書第一章會有詳盡的解釋）。

正因為「地緣政治學」，曾被當成侵略合理化的工具來使用，所以第二次世界大戰後有一段時間，地緣政治學被視為一門禁忌的學問。就算日本的學校在教授社會科目「地理」時，也小心翼翼地排除地緣政治學的相關要素。

在一些人的心裡，認為地理並不是一門具有魅力的學問，或許就是上述原因所致。

然而，隨著現今國際情勢的變遷，認為必須由地緣政治學觀點切入分析局勢的專家日益增加。這樣的變化讓學生們在學校學習地理時，也開始重視地緣政治學的觀點。

特別是當我們看待俄羅斯侵略烏克蘭這個事件時，利用地緣政治學更能精準地分析來龍去脈。但是，在此我不得不提醒當中的陷阱，那就是如果面對所有國際紛爭，都用地緣政治學的觀點來解譯的話，伴隨而來的風險即是將事物過度簡單化。

了解地緣政治學的觀點之後，我們並不能就此滿足，而是必須更進一步深入學習判斷，我認為這是我們必須念茲在茲的要務。因此，本書若能為讀者們帶來些許幫助，對我而言便是無上的喜悅。

這本書是以朝日電視台系列節目「池上彰的新聞頻道：原來如此!!」的內容為基礎，依照後續局勢變化修改而成。本書能夠完成，有賴編輯美野晴代女士鼎力相助，在此表達感謝之意。

新聞工作者　池上　彰

目錄

第2章 透過地緣政治學來解讀「俄羅斯侵略烏克蘭」
——注目的重點是歐洲防線

第4章 中國鎮壓香港，在地緣政治學中具有什麼意義？

——統一台灣的布局

專欄5 用地圖認識世界

北極海航路即將開通!?

第1章

何謂地緣政治學？

海權國家與陸權國家

◉透過地緣政治學了解國際情勢與各國的意圖

最近，「地緣政治學」這種思考方式正倍受矚目。「地緣政治學」的意思，即使光從字面上來看，也能一目瞭然。地緣政治學的「地緣」指的是地理位置，「政治」則是各國的政治局勢；地理與政治被放在一起討論。也就是說，從世界各國所處的地理環境，來分析國際情勢與歷史上發生過的種種事情，這樣的學問就叫地緣政治學。

地緣政治學就是思考一個國家處於什麼位置、國土是什麼形狀，以及因為這些地理條件如何決定這個國家的政治、歷史與特質。

地緣政治學之所以受到關注，主要是因為英國脫歐、中國積極踏足海洋、俄羅斯入侵烏克蘭等幾件全球大事所致。

當人們在思考「為什麼會發生這種事」時，認為「這事實上都是跟地理因素有關」的看法極具說服力，因此廣受世界各國矚目。

深入了解地緣政治學，就能看清國際情勢與各國的意圖。當然，每件國際大事都涉及多種原因，但如果是從地緣政治的高度來分析這些事，就能從地圖上看出事情的端倪。

藉由這種分析，當我們面對為什麼俄羅斯要侵略烏克蘭、為什麼美國能掌握世界霸權，以及為什麼日本會變成現在這個模樣等問題時，就能發現其中的脈絡。

◉以貿易立國的日本是「海權國家」

接下來，讓我們以日本為例，一起看看地緣政治學的具體思考方式。

各位認為地圖上的日本具有哪些特徵？

「國土狹小」並不是正確答案，日本的面積在世界一九六個國家中占第六十一位，出人意料地並不狹小。歐洲許多國家的國土遠比日本還小，甚至連德國也比日本小一號（第六十二名）。

日本在地緣政治學上的特徵，是四周環海的島國。因此，海外諸國難以入侵，而

日本在地緣政治學上的特徵

四周環海的島國
外國難以入侵
經由海路容易與他國交流

日本更能夠經由海路與遠方的國家交流，這就是日本的特徵。

地緣政治學將日本這種環海的國家稱為「海權國家」，「海」就是大海，而「權」則是權力。被大海保護著或是能夠經由海路出航的國家，都稱為海權國家。

海權國家經由海路容易與世界各國交流，正因如此也可稱其為貿易立國。特別是戰後的日本，正是透過海路與海外諸國進行貿易，才得以有現在這樣的發展。

說到日本以外的海權國家，最先浮現腦海的就是英國，這個國家也是幾乎被海洋包圍。

有些國家雖然並非完全被海洋包圍，但也與海洋接壤，西班牙就是一個例子。日本以外的海權國家，最具代表性的就是英國和西班牙。

◉「陸權國家」擴張領土的傾向強烈

世界各國並不是只有島國，還有像中國這樣陸地國界極長的國家，或是位處內陸、完全未與海洋接壤的蒙古之類的國度。這些國家相對於海權國家，可稱為「陸權國家」。

陸權國家的主要特徵有三項：

第一、陸地連綿不絕，人民與貨物易於移動。

第二、外國較為容易入侵。

陸權國家的特徵

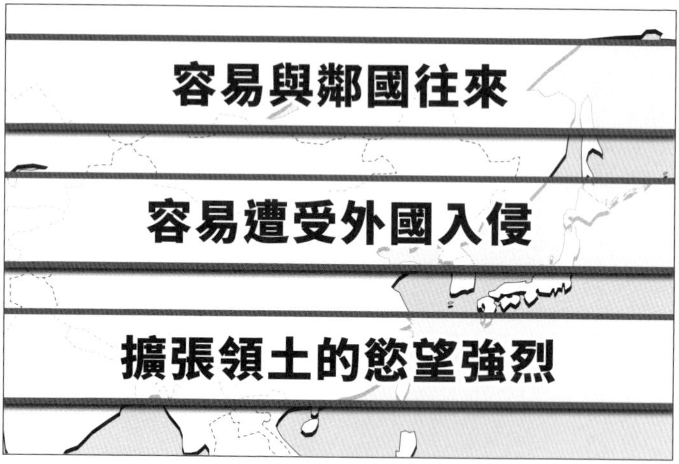
容易與鄰國往來
容易遭受外國入侵
擴張領土的慾望強烈

「中國」是代表性的陸權國家

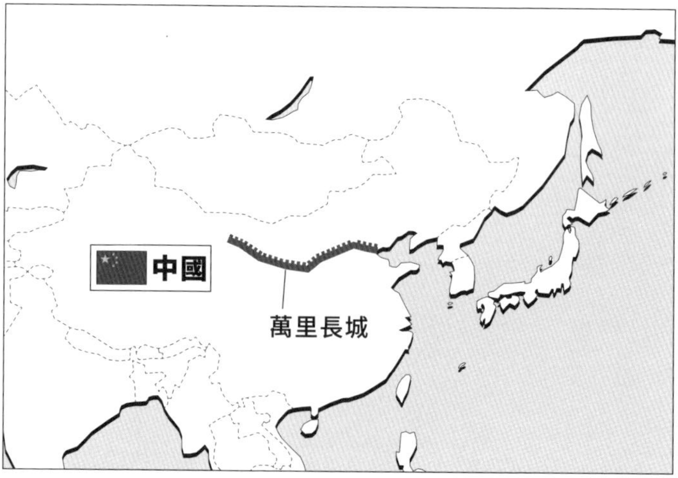
中國
萬里長城

第三、強盛的國家想擴張領土的慾望極高。

即使同為陸權國家，弱小的國家容易遭受他國侵略，相對的，強國則是侵略的一方。強國總是為了擴張領土，對鄰接的國家不斷發動攻擊。

從歷史的角度來看，中國屢屢受到外敵入侵，因此中國才會為了國防而興建「萬里長城」。

萬里長城全長約六千公里，號稱人類史上最大規模的建築物，並且被列為世界遺產。該建築是為了抵禦北方騎馬民族的入侵所建，十四世紀時建成現在的樣貌。從這裡可以明白，與鄰國陸地接壤的中國，為了防止外國入侵，長城可謂是地緣政治學上非常重要的建築物。

與中國齊名的另一個代表性陸權國家是俄羅斯，該國領土面積為全世界最大，幾乎就是整片大陸。另外，德國領土面積雖遠不及前述兩國，卻也是一個強而有力的陸權國家。

美國屬於海權國家

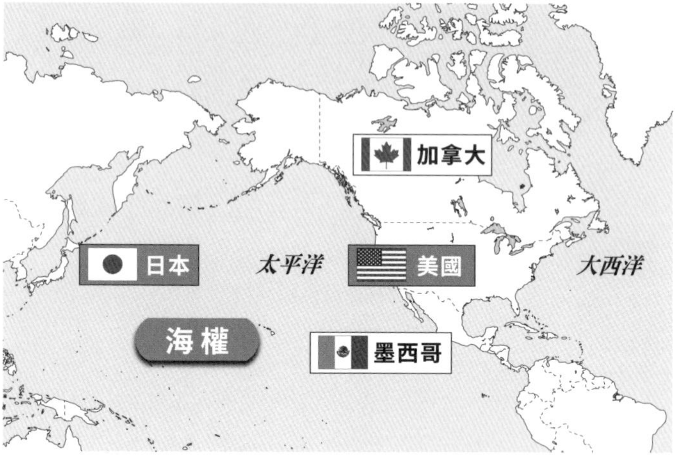

◉海權國家掌握世界霸權!?

以地緣政治學的角度來看，世界上任何一個國家，都可分類為海權國家或陸權國家。

既然如此，那美國又屬於哪一種國家呢？

美國位於美洲大陸，因此可能會讓人覺得是一個陸權國家，但實際上美國是一個海權國家。

即使與加拿大和墨西哥接壤，基本上美國仍是一個被大西洋和太平洋兩大洋包圍的國家。美國的地理位置遠離歐洲與亞洲，因此難以攻打，加拿大和墨西哥也不會主動入侵，因此美國能夠利用海洋與世界各國進行貿易，可以說具備了海權國家的特徵。

而到了現代，海權國家較容易掌握對世界的影響力，也就是說容易成為世界霸權。

其原因在於臨海國家在全球環境中處於相對有利位置。海權國家具有能靈活運用海上貿易的利基；海上貿易是使用船隻進行，我們可以說，現在全世界的貿易中，約有百分之九十是海上貿易（以重量計算）。

由於飛機能承載的貨物量有限，若想運輸大量貨物，還是大型貨輪較為合適。即使科技發達讓人類的移動轉變成以飛機為主，但主要的物流手段至今仍是船運。這也是為什麼人們會說「控制海洋就等於控制全世界」。

十五世紀到十七世紀中期，人稱大航海時代，西班牙、葡萄牙與荷蘭等國家在此時期能夠快速發展，也是因為透過海上交易獲取利益，同時增加殖民地帶來的成果。

從這個時期到現代，海權國家確實握有世界霸權。

◉掌握日本船運進口的重要路徑

日本的海上貿易當中，進口原油和天然氣是維持國家命脈不可或缺的資源。日本所使用的原油，約百分之九十八仰賴從中東進口（出處：日本資源能源廳二〇二二年七月統計）。我想每個人應該都聽過上述情況，但各位是否知道，從中東運送貨物到日本，需要經過什麼樣的路徑呢？

其實這條路徑在地緣政治學上，占有極重要的地位。

從中東波斯灣出港的油輪，行經麻六甲海峽進入南海，之後再穿過台灣與菲律賓之間的巴士海峽航向日本。

麻六甲海峽最窄的寬度僅約六十五公里，為什麼要特地穿過這麼狹窄的地方呢？

原因很簡單，就是容易防衛。油輪與海軍艦艇不同，船上並沒有武裝，因此經常

麻六甲海峽在地緣政治學上占有重要地位

全世界主要的咽喉點

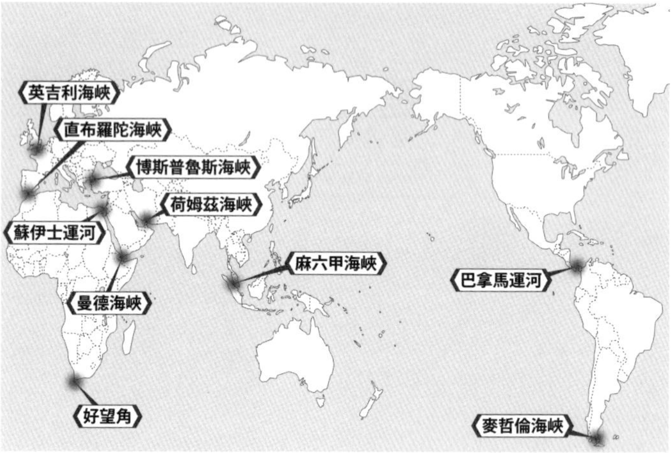

面臨海盜襲擊的風險。麻六甲海峽出現海盜也是時有耳聞，但窄小的海峽容易警戒，相對也較為安全。

狹窄的要衝容易防衛，而且這條路徑也是抵達日本的最短距離。因此不管是哪一艘油輪，都會行經麻六甲海峽。

◉什麼是「咽喉點」？

像這樣成為物流要衝的狹窄海域，在世界各地主要約有十處。地緣政治學將其稱為「咽喉點」，掌握此地的國家，被認為對全世界擁有相當大的影響力。

咽喉點是由英文choke point翻譯而來，各位知道為什麼譯為咽喉嗎？因為choke一字原本是「掐住」的意思，只要掐住一個要衝，或者說控制住這片海域，就能掌握對全球貿易的重大影響力，因此這些海域才會被稱為咽喉點，而這也是為什麼世界大國無論如何都想取得這些要衝的理由。

其中最有名的例子就是巴拿馬運河。它的全長約八十公里，是連接大西洋與太平洋的要衝，因此美國想方設法地也要掌控此地。然而，巴拿馬地峽原本屬於南美洲哥倫比亞共和國，因此美國強勢介入，讓巴拿馬脫離哥倫比亞獨立建國（一九〇三年）；透過這種方式，他們建立起一個親美的國家，並讓美軍駐守該地。

擁有巴拿馬運河的巴拿馬共和國，其實是美國為了自身利益，才讓它從哥倫比亞獨立出來；這就是大國經常會使用的政治手段。

讓我們再把目光移向中東，當地有荷姆茲海峽和蘇伊士運河。只要控制住這一帶，就不會再為了缺少原油或天然氣這些能源資源而苦，美國和英國就是靠這樣的手段，掌握住世界霸權。

◉過去的戰爭也能透過地緣政治學來充分理解！

接下來，我們以地緣政治學的觀點，回顧過去發生的戰爭。

就地理位置來看，海權國家與陸權國家有相互對立的傾向。說得更具體一點，海權國家會透過海洋與世界各國交流，但有力的陸權國家也會意圖擴大勢力，並透過陸路涉足世界。結果，這兩股勢力遲早會在某個地方發生衝突。

事實上，我們也可以說，從古至今世界上發生的大規模戰爭，都是海權國家與陸權國家的衝突所致。

容易發生衝突的地區從以前就幾乎已經決定，過半數都存在於歐洲、中東和亞洲。歐洲是第一次世界大戰的主戰場（一九一四〜一九一八年），中東戰爭

利用地緣政治學解釋引發衝突的主要原因

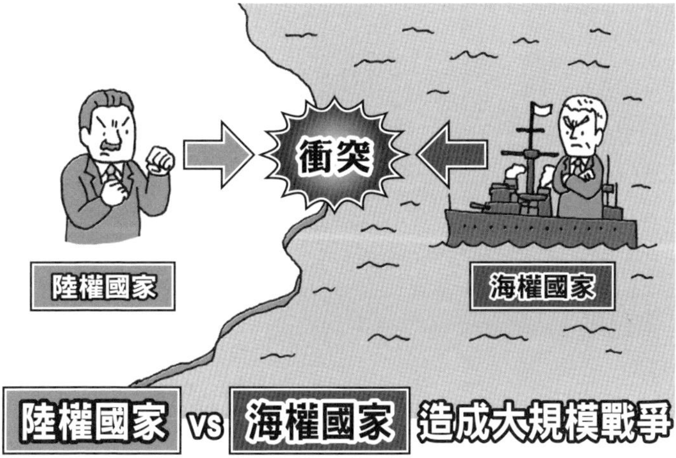

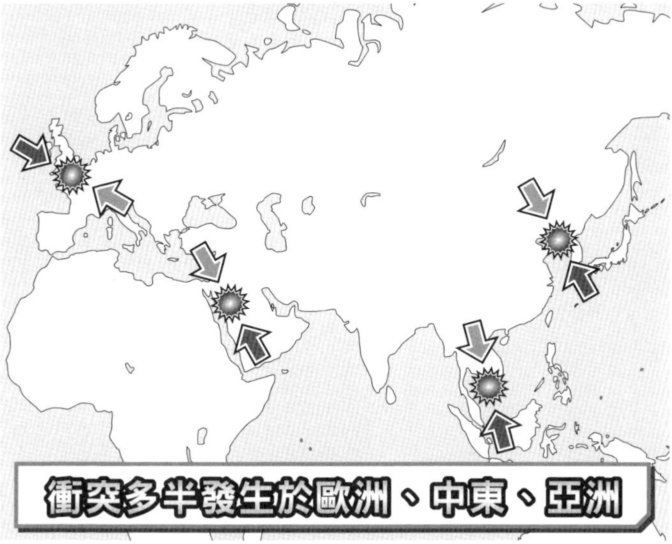

容易成為他國覬覦的地理特徵

的主戰場自然是中東（一九四八～一九四九、一九五六、一九六七、一九七三年），亞洲則發生過韓戰（一九五〇～一九五三年）與越戰（一九六〇～一九七五年）等，這幾場戰役都存在著海權國家與陸權國家的衝突要素。

那麼，為什麼相同地區會反覆發生戰爭呢？這其實也有地緣政治學上的理由。

正如先前提到的咽喉點一樣，這些衝突地區，都是只要搶先一步控制，就能對周邊地區產生強烈影響力的關鍵

防線與緩衝區

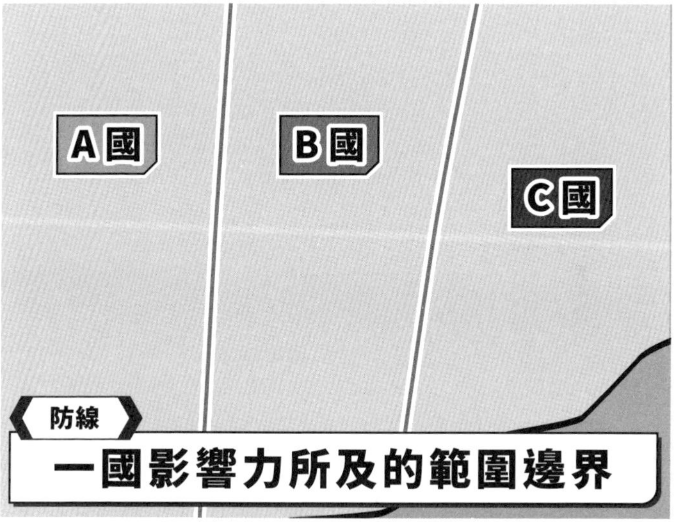

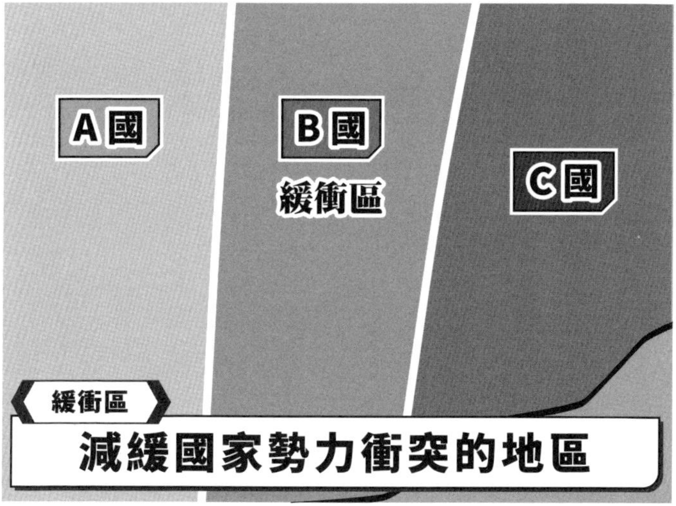

所在。

各國想要搶先控制的地區，一般來說以平地最為理想。因為平地能夠讓大量人民定居，也適合發展農業。若是臨海，還能透過海上貿易，取得各種原本在該地區無法生產的物品。另外，氣候穩定更是一項無需多言的條件。

各項條件良好的地區，理所當然也對其他國家充滿魅力。就算某一個國家率先控制該地，也容易引來其他國家覬覦，因此很難保持和平。如果該地又有豐富的資源，自然會有想奪取資源的國家出現，這也是紛爭的來源之一。

世界上像這種充滿魅力的地區有限，各國爭相搶奪也是必然的結果。

即使沒有引發戰爭，在某個地區相鄰的強大國家，也經常會互相覬覦對方的土地，兩大勢力之間的交界，就會形成「防線」或「緩衝區」。

防線意指一國影響力所及的範圍邊界，而緩衝區則是指避免複數勢力直接衝突，夾在中間如軟墊般存在的地區。

如上所述，利用地緣政治學的基礎來觀察國際局勢，應該就能夠抓到重點，並產生「原來如此，衝突就是這樣發生的啊!!」的想法。

專欄1 用地圖認識世界

為什麼組成合眾國？漫談聯邦

◉合眾國的由來

美國的正式名稱是美利堅合眾國，英文是United States of America。那麼，德國的正式名稱是什麼呢？答案是德意志聯邦共和國。

關於合眾國與聯邦的意義究竟是什麼，各位是否清楚理解呢？讓我們先從合眾國談起。

美國以州為單位劃分行政區域，州的英語原文為state，而state也有國家的意思，包括紐約州、夏威夷州等州分，每個州都像是一個又一個的小國家。每個州都有各自的憲法、法律和軍隊。因此，我們也可以說美利堅合眾國是由五十個國家所集合組成。

那麼，為什麼不稱為「合州國」而是「合眾國」呢？

據說是中國在清朝時，將美國理解為大量民眾組成的國家，故稱為合眾國，連帶影響到日本也使用這個稱呼。

◉組成聯邦的主要原因

聯邦這個詞，意思幾乎和合眾國相同。從地圖上可以發現，世界上有許多國家都是由數個州組成。

州雖然可以自己構成一個獨立國家，但實際上，大半是許多州結合成為一個國家。這麼做的原因在於，一個一個單獨的州實力單薄，如果不團結起來，將難以對抗大國的壓迫。這種由州聚集起來建立的組織，就是聯邦。

但是，每個州的人民想法各有所異，組成的民族也不相同，因此必須尊重其獨立性，並認可各州的自治權。透過這樣的運作方式，才能組成一個聯邦。

主要的聯邦制國家

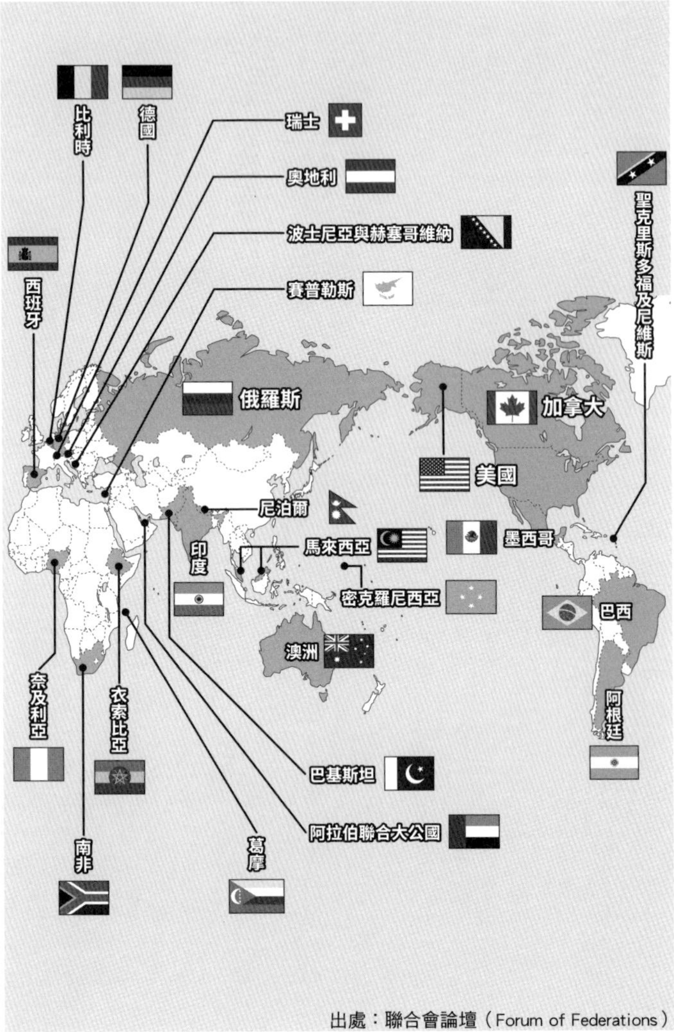
比利時
德國
瑞士
奧地利
波士尼亞與赫塞哥維納
賽普勒斯
西班牙
聖克里斯多福及尼維斯
俄羅斯
加拿大
美國
尼泊爾
馬來西亞
墨西哥
印度
密克羅尼西亞
巴西
澳洲
奈及利亞
衣索比亞
阿根廷
巴基斯坦
阿拉伯聯合大公國
南非
葛摩
出處：聯合會論壇（Forum of Federations）

美國和澳洲都是為了對抗英國的支配，才會由各州共同攜手合作，建立起一個國家。

但是，世界上存在著許多民族。雖然每個民族各有不同的語言與文化，為了抵禦他國壓迫，這些民族也會聚集成一股勢力。在這樣的情況下，要把各勢力統合為一，就會變成一個困難的問題，而這一點也讓聯邦國家執政者傷透腦筋。以西班牙為例，著名的加泰隆尼亞自治區，經濟最為繁榮，日常語言也和西班牙官方語言有所差異。加泰隆尼亞自治區的中心都市巴塞隆納，觀光客非常多，比起西班牙語，更多人使用加泰隆尼亞語。正因如此，當地提倡獨立的社會運動相當盛行。

◉澳洲的首都在哪裡？

聯邦國家要決定首都在哪裡，也是非常困難的一件事。

有些人可能以為澳洲的首都是雪梨，但正確答案應該是坎培拉。然而，明明雪梨

為什麼澳洲首都是坎培拉？

的人口較多且較為繁榮發達，為什麼會選擇坎培拉作為首都呢？

透過地圖我們可以找到答案——坎培拉剛好位於雪梨和墨爾本中間。當年雪梨與墨爾本雙方居民都主張「自己的城市最適合作為首都」，因此遲遲無法做出決定。最後政府只能折衷表示：「那不然，就以兩座城市的正中間當作首都吧！」最後結果就是將坎培拉定為首都。

多語言國家「比利時」

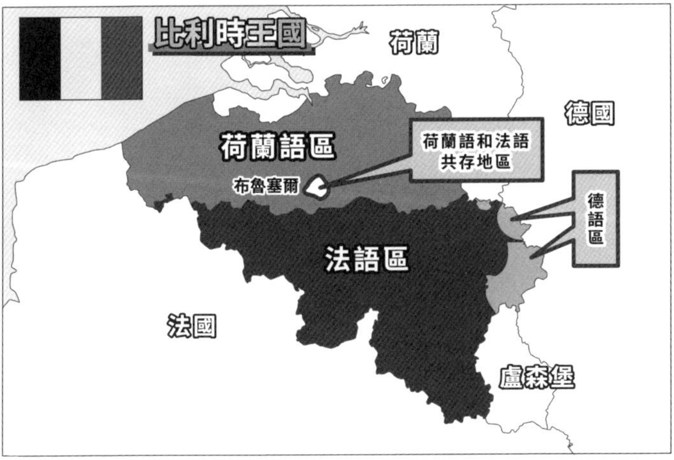

◉比利時使用哪種語言？

基於聯邦是由州組成，因此一些國家擁有多種官方語言。

典型的例子就是比利時，這個國家並沒有比利時語，而是依地區分別使用不同官方語言，北方為荷蘭語區、南方是法語區，而東側則是德語區。

雖然依地區使用不同語言，容易讓國家變得四分五裂，但比利時不僅是聯邦國家，同時也是一個王國。因為有國王存在，勉強能維持完整的國家體系。因此，當王族到北方時會用荷蘭語打招呼，到南方時使用法語，到了東側則使用德語打招呼，這樣的做法才好不容易讓國家統整為一。

由於比利時是由使用不同語言的人們共同組成的一個國家，彷彿就像歐盟（歐洲聯盟，以下稱為歐盟）的象徵一般，所以歐盟總部就設在比利時首都布魯塞爾。

第2章

透過地緣政治學來解讀「俄羅斯侵略烏克蘭」

注目的重點是歐洲防線

◉綿延整個冷戰時期的蘇聯與西方同盟勢力之爭

為什麼俄羅斯會入侵烏克蘭?讓我們一起從地緣政治學的觀點,來試著思考其緣由。

俄羅斯或者前蘇聯,從以前就不斷與歐洲國家組成的各種同盟展開勢力之爭。

為了對抗蘇聯,歐洲各國聯手組成軍事同盟,這就是NATO(北大西洋公約組織,以下稱為北約)。歐洲原本的加盟國有比利時、荷蘭、丹麥、盧森堡、法國、英國、挪威和義大利等國,這些國家加上北美洲的加拿大、美國共十二國,在一九四九年創建北約。因為所有國家都認為,若不聯合起來就無法與蘇聯對抗。

北約與蘇聯的激烈對立,即為東西冷戰,一直持續到一九八九年才結束。

冷戰時期的東歐西側是一道防線,當時德國分為東德與西德,東德包含在東歐之中。因此,正確來說,應該是西德與東德的邊界是一道防線。

而東歐與北歐的瑞典、芬蘭則是兩大陣營緩衝區。

蘇聯時期的緩衝區

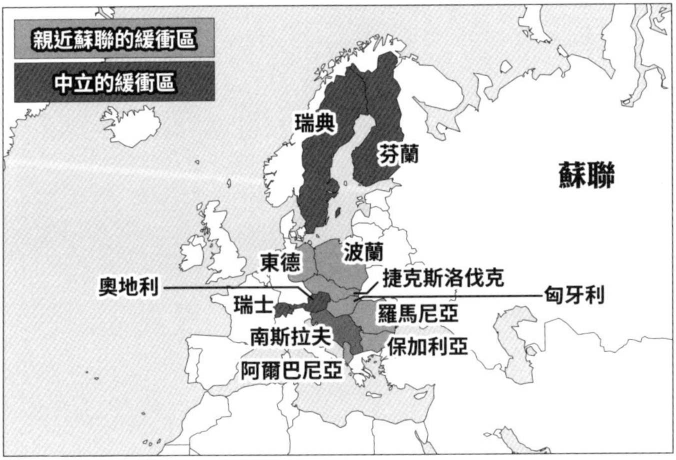

緩衝區又分為兩種，像是東德、波蘭、捷克斯洛伐克、匈牙利等國，因為是對蘇聯言聽計從的國家，所以算是蘇聯的緩衝區。

另一方面，有些國家早就自願成為緩衝區，如瑞士、奧地利這兩個永久中立國，還有北歐的芬蘭、瑞典。這些國家都沒有加入北約，主要是想表達「我們不與蘇聯對立，所以請不要攻打我們」，從而讓自身擔任起緩衝區的任務。

正因為有這些成為緩衝區的國家，才讓蘇聯與北約各國避免直接衝突，進而維持和平。

◉蘇聯瓦解後，防線向東推進

然而，這片防線與緩衝區在冷戰終結（一九八九年十二月）與蘇聯解體（一九九一年十二月）後，產生了極大的變化。

一九九〇年，分裂許久的東德與西德宣布統一，統一後的德國取代過去的西德，成為北約加盟國。

在蘇聯轉變成俄羅斯之後，許多國家——特別是東歐各國——都想脫離俄羅斯，加入北約。

一九九九年，波蘭、捷克、匈牙利加盟北約，二〇〇四年加盟的國家有斯洛伐克、斯洛維尼亞、羅馬尼亞、保加利亞和波羅的海三國（愛沙尼亞、拉脫維亞、立陶

蘇聯解體後，防線向東移動

宛）。

愈來愈多東歐國家相繼加入北約，也就代表俄羅斯與北約的防線，比起過去更加向東移動。從俄羅斯的立場來看，可說這道防線正一直朝自己國內逼近。

俄羅斯的影響力所及範圍漸漸變小，代表自己的國家更容易受到入侵，這是俄羅斯對北約東擴的看法。

◉「我們無法容忍烏克蘭加盟北約」

二〇〇九年，克羅埃西亞與阿爾巴尼亞加入北約，北約加盟國從蘇聯解體前的十六國，增加到二十八國。之後也有其他國家相繼加入，到了二〇二〇年更是高達三十個國家。而真正讓人們深刻感受到這種現實趨勢的，就是烏克蘭申請加入北約。

從俄羅斯的角度來看，過去烏克蘭是徹徹底底的緩衝區，同時也跟俄羅斯關係緊密，現在卻有可能加入北約，俄羅斯自然無法坐視不理，並且開始認為「烏克蘭想加入敵方陣營，是個背叛者」。

或者從另一個角度來看，俄羅斯與烏克蘭國境相連，一旦烏克蘭加入北約，就等於俄羅斯與北約加盟國在國境上接壤。如此一來，俄羅斯不僅是失去一片緩衝區，北約的防線也更加往東移動，直接壓迫到俄羅斯的國境。

「這樣的局勢對俄羅斯而言是生死存亡的問題，必須對此做出反應」，總統普丁（Vladimir Vladimirovich Putin）心裡萌生這樣的想法。

想讓烏克蘭繼續對俄羅斯言聽計從，並繼續保有對烏克蘭的影響力，就是俄羅斯入侵烏克蘭的動機。雖然實際發動入侵的原因不只一個，但最重要的原因還是上述地緣政治學上的局勢，導致俄羅斯最終對烏克蘭展開軍事入侵。

◉內陸大國俄羅斯想確保海路

俄羅斯入侵烏克蘭，還有其他地緣政治學上的緣由。

俄羅斯這個國家的特色就是幅員遼闊，領土面積為全世界第一，但是東部西伯利亞極度寒冷，北方更是北極圈的範圍。因此實際上，俄羅斯的國土約有七成因為過於寒冷，不適合人類居住。

如此一來，俄羅斯必然想要更多南方的溫暖土地，也造就了俄羅斯長久以來一直想向南擴張的野心。若是想想俄羅斯國內嚴峻的自然環境，對其野心自然也就不會感到不可思議。而俄羅斯想要向南擴張，黑海便是一塊非常重要的區域。

俄羅斯處心積慮「想要確保海路」

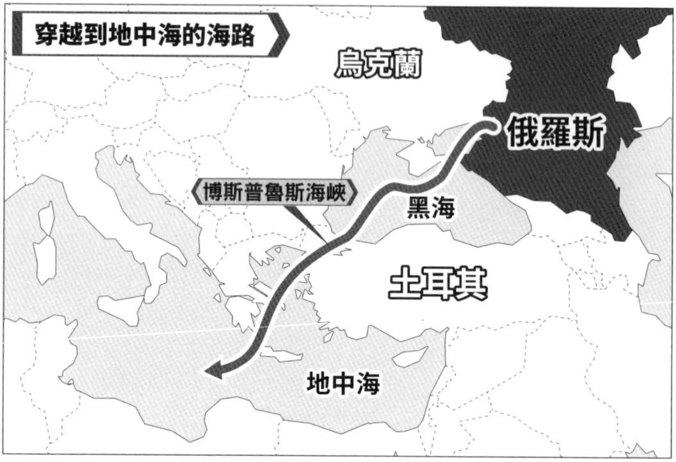

對俄羅斯而言，他們無論如何都想確保從黑海抵達大西洋這條海路。只要保有這一條海路，就能穿過博斯普魯斯海峽抵達地中海，並更進一步航向大西洋。

黑海沿岸氣候溫暖，即使冬天海面也不會結冰，一整年都可以航行，是其最大的魅力所在。正因如此，俄羅斯一直處心積慮想要控制這片地區；也正因此，他們希望在不受烏克蘭影響的情況下，自由航行於黑海。

從俄羅斯控制的地區，可以看出其企

圖。

下頁上方的地圖顯示，截至二〇二二年九月五日，俄羅斯占領的地區。俄羅斯打算從烏克蘭東部到南部的占領區更進一步向西側擴張，最終占領整個沿岸地帶。

若能達成這個目標，俄羅斯就能隨時從黑海出發，航向大西洋，進而達到掌握海路之目的。

再者，若俄羅斯占領南部一帶地區，不管烏克蘭願不願意，都會失去出海口，變成一個內陸國家。無法利用海洋航行的內陸國家，便難以與各國進行貿易，小麥與玉米的出口量也會大幅減少。身為農業輸出國的烏克蘭，若是無法隨意出口農產品，國力必然會大幅削弱。

透過上述種種手段，削減烏克蘭的國力，最後就會變成一個對俄羅斯言聽計從的國家，這就是普丁總統的圖謀。

俄羅斯控制的地區（截至2022年9月5日）

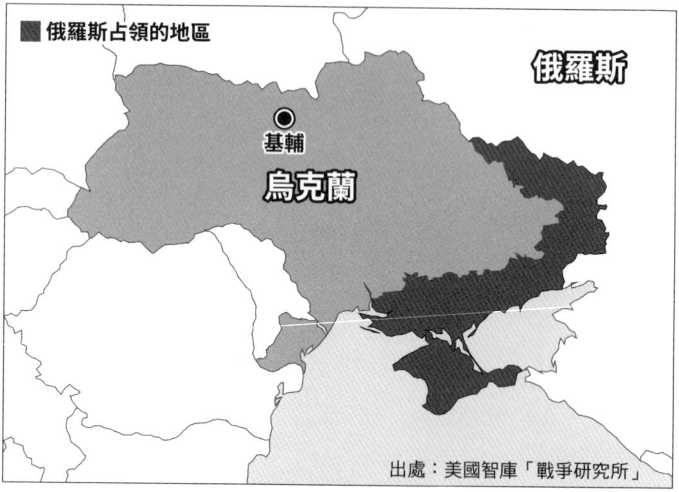

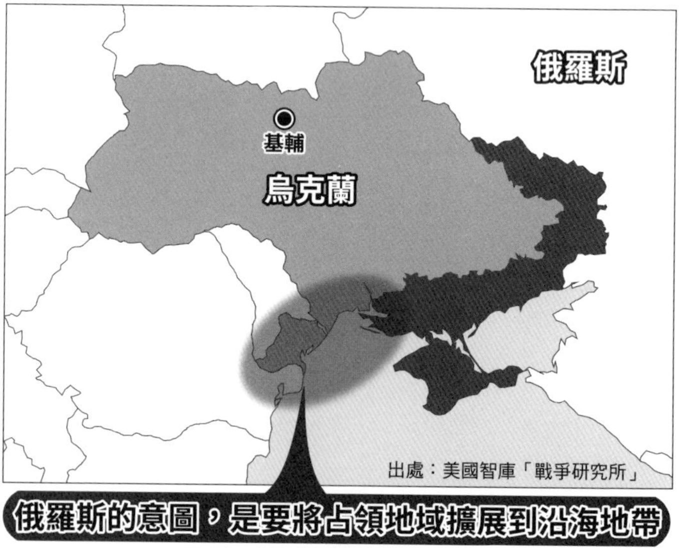

俄羅斯的意圖，是要將占領地域擴展到沿海地帶

◉為什麼戰爭陷入長期膠著？

烏克蘭在二〇二二年九月，對東部和南部發動大規模攻勢，收復部分領土。當時俄羅斯軍隊慌忙撤退，留下為數眾多的戰車與砲彈，成為一則重大國際新聞。

面對這樣的情況，俄羅斯害怕再拖拖拉拉下去，勢力範圍恐怕會一直後退，因此在東部及南部四個州舉行公民投票，九月三十日更是單方面宣布併吞這四個州，這四州分別是盧甘斯克州、頓內次克州、札波羅熱州和赫爾松州。雖說是併吞了四個州，但俄羅斯並未能完全支配這四個州，不少地區還是在烏克蘭勢力範圍之下，但俄羅斯無視現況，直接就宣布併吞四個州的全部行政區域。

當然，俄羅斯這樣的行為已違反國際法，所以不論烏克蘭與國際社會，都不承認這樣的吞併。

烏克蘭隨後仍繼續展開進攻，在十一月奪回南部赫爾松州聶伯河西岸的州府赫爾松，將俄羅斯軍隊逼回東岸。他們也數度利用無人機，攻擊俄羅斯國內的軍事基地。

烏克蘭軍隊奪回赫爾松

※截至2022年12月1日　出處：2022戰爭研究所與美國企業研究所關鍵威脅計畫
(2022 Institute for the Study of War and AEI's Critical Threats Project)

烏克蘭境內仍舊持續發生激烈的戰爭，在戰況膠著之下，每天都有大量俄羅斯軍隊與烏克蘭軍隊的士兵死去。

俄羅斯本來以為輕易就能讓烏克蘭降伏，但實際發動戰爭之後，卻事與願違。烏克蘭國民如此頑強抵抗，應該大出俄羅斯預料之外。

再者，以美國為中心的歐美勢力，也向烏克蘭提供大量武器，而且沒有間斷地持續著，這點也不在俄羅斯預想之中。

結果，這場戰爭就此陷入膠著狀態。

◉歐美日的經濟制裁並未發揮即時效果

另外還有一個值得關注的重點，就是各國發動經濟制裁對俄羅斯的影響。

自從俄羅斯入侵烏克蘭後，歐美與日本就數次對其發動經濟制裁。

美國作為資源大國，從開戰初期就馬上禁止從俄羅斯進口原油、石化產品、液化天然氣、煤炭。歐盟各國一向仰賴從俄羅斯進口能源資源，但也漸漸減少進口原油和天然氣。日本也表態和歐美步調一致，分階段減少進口煤炭，而原油則是原則上禁止進口。

經濟制裁也包括凍結資產。以普丁總統為首，俄羅斯許多政府要人，或是依附在普丁政權下、人稱「寡頭（Oligarch）」的諸多大富豪，其海外資產都遭到凍結，無法自由轉移。

其中以加拿大的態度最為強硬，政府立法沒收凍結的資產，準備將來用於協助烏克蘭重建與支付損害賠償。歐盟雖然沒有做到沒收，取而代之是討論立案運用凍結的資產來投資，投資收益則用做重建或賠償的資金。

當初，各國決定對俄羅斯經濟給予重大打擊，因此將俄羅斯的銀行逐出SWIFT（環球銀行金融電信協會），令其無法使用國際間的金融結算網絡。一旦被排除在該網絡之外，俄羅斯的銀行就無法順利與海外銀行進行交易，事實上也就相當於中斷其進出口貿易。

在切斷國際金融交易後，俄羅斯法定貨幣盧布暴跌，造成盧布大幅貶值，但很快又恢復到原本的水準。

盧布回升有幾個原因，其中之一是，雖說要將俄羅斯的銀行排除於國際金融網絡外，但只要歐盟繼續進口俄羅斯生產的原油和天然氣，就無法將俄羅斯境內所有銀行排除殆盡。由於還有部分銀行還能一如往常進行交易，等於留給俄羅斯一條活路。

經濟制裁的目的，是為了讓俄羅斯結束戰爭，在最短的時間內撤離烏克蘭。原本經濟制裁必須由聯合國安全理事會做出決議，而所有聯合國加盟國都有義務遵守。然而，就入侵烏克蘭的事件來看，俄羅斯這個發動侵略的罪魁禍首，就是安全理事會的常任理事國，因此只要俄羅斯行使否決權，聯合國就不能決議發動經濟制裁。

在上述現實情況下，不得已只能以G7（美國、英國、加拿大、法國、德國、義大利、日本）與歐洲各國為中心，號召志同道合的國家，單獨發布對俄制裁。

但是俄羅斯終究還保有一條活路，加上許多國家反對制裁或袖手旁觀，結果就導致經濟制裁的效果有限。

◉俄羅斯軍隊因半導體不足而弱化！

那麼經濟制裁是不是就完全沒有效果呢？倒也不盡然如此。雖然沒有立即產生效果，但也慢慢地造成影響，中長期來看確實能讓俄羅斯經濟狀況走下坡。

另外，美歐日等國禁止出口半導體給俄羅斯，也對其軍事實力造成打擊。半導體一向被稱為「產業的稻米」，是現代高科技產業不可或缺的物資，實際上也廣泛運用於戰車、戰機、飛彈等軍事領域。

那麼，半導體到底究竟是什麼呢？

半導體正如字面所示，就是一種導電性介於絕緣體至導體之間的物質。容易傳導電流的物質叫導體，而幾乎無法讓電流通過的物質則稱為絕緣體。半導體同時具備這兩項性質，因應不同條件有時能夠導電，有時又不能導電，所以才會命名為半導體。

因為上述的特性，許多數位產品如汽車、遊戲機、電腦、智慧型手機、家電等，在生產時都少不了半導體。在新冠肺炎期間，由於人力不足等原因導致全世界陷入供給不足，烏克蘭戰爭爆發更是雪上加霜，使得半導體益發緊缺。在日本也經常聽到有人說：「想買一輛新車，但是交車時間竟然要排到半年後」。

要說烏克蘭問題與半導體有什麼關聯，主要是生產半導體時，需要幾種稀有的氣

半導體是什麼？

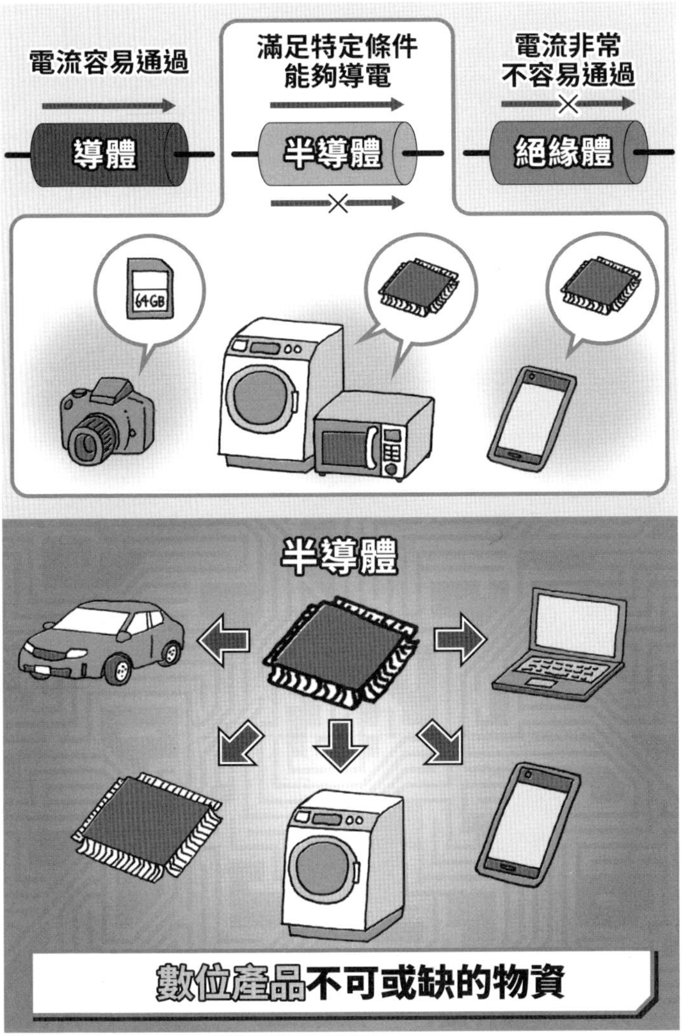
電流容易通過
導體
滿足特定條件
能夠導電
半導體
電流非常
不容易通過
絕緣體
64GB
半導體
數位產品不可或缺的物資

體，而烏克蘭正是這些稀有氣體的生產國，產量約占全世界七成。一旦無法取得那些氣體，就無法生產半導體。實際上，這場戰爭使得稀有氣體取得困難，進一步讓半導體不足的問題更加嚴重。

在這樣的大環境下實施制裁，禁止出口半導體給俄羅斯，預估對其軍需產業帶來巨大的打擊。

俄羅斯沒有製造高品質半導體的能力，一直以來都仰賴從海外進口。無法順利進口半導體，對俄羅斯軍隊而言是一個重大的問題。

二〇二二年六月底，美國商務部長雷蒙多（Gina Marie Raimondo）表示，在美國與同盟國實施出口管制後，全世界出口給俄羅斯的半導體，已經減少了百分之九十。（出處：路透社報導）

半導體不足導致俄羅斯難以製造或修整戰車、戰機和飛彈，從而陷入庫存不足的狀態。俄羅斯軍隊針對烏克蘭全境，不間斷地發動飛彈攻擊，其目標不僅是軍事設施或基礎建設，就連民宅、學校或商業設施等地，也都是無差別攻擊的對象。有專家指出，當俄羅斯用盡精準飛彈之後，就只能把所有能夠發射的東西，拿來當作攻擊手段。但問題是，這樣的攻擊手段總有一天也會用盡。

上述的各種經濟制裁，都使得俄羅斯軍隊的戰力下降，這也是烏克蘭軍隊能夠持續奮戰的主要原因之一。

專欄2 用地圖認識世界

英國——與原殖民地攜手共進

◉四個不同國家組成的國家

英國和日本一樣都是個島國，而各位可能都知道，英國並不是該國的正式名稱。

英國的正式名稱是大不列顛暨北愛爾蘭聯合王國，二〇二二年九月英國女王伊莉莎白二世（Elizabeth II）辭世，新任英王繼位，因此仍舊是一個王國，而且是聯合王國。英國不是合眾國，也不是聯邦，卻是由四個國家組合而成，而且共同實施一個政治制度，可說是一個罕見的國家。

請看下頁的地圖，英國國旗是由三個國家的國旗組合而成。

「英格蘭＋蘇格蘭＋北愛爾蘭＝英國」

威爾斯很早之前就被英格蘭吸收合併，因此不特別列出。

英國是由四個國家組合而成的聯合王國

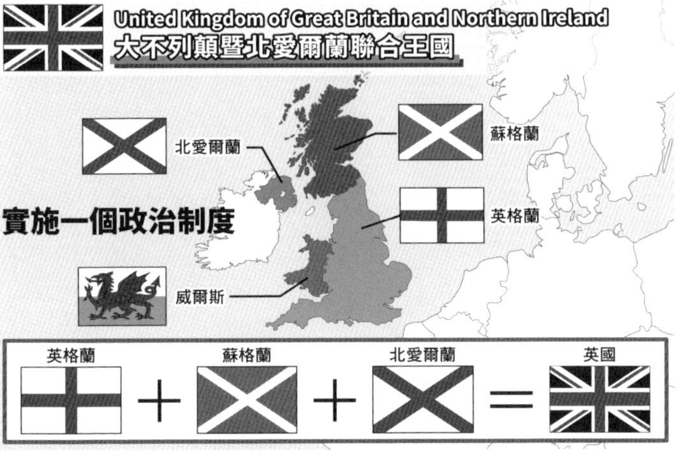

二〇二二年的世界盃足球賽，英格蘭代表隊與威爾斯代表隊的對戰，一時蔚為話題。應該有很多人會覺得不可思議，同樣是英國，為什麼會有多個代表隊參賽呢？原因在於一九〇四年FIFA（國際足球總會）創立前，這四個國家就已經擁有各自的足球協會，而每一個協會都要求國際足球總會承認其存續，而國際足球總會也應允該要求。

每個國家的國民都深愛著自己的國家，因此經常可以聽到英格蘭和蘇格蘭關係不好等消息，事實上也是如此，蘇格蘭獨立運動一直都很盛行。因此，我們不能問別人：「Are you an English ?」，因為這麼問的意思就會變成「你是英格蘭人嗎？」如果對方是蘇格蘭人，可能還會因此發怒。

想稱呼英國人要用British這個字，而提到國名時則説United Kingdom或是簡稱UK。

◉世界上還保留英國國旗的國家

英國國旗又稱為聯合傑克（The Union Jack），而許多國家的國旗也都有相同的設計。

最具代表性的國家就是澳洲和紐西蘭，因為兩國過去都是英國的殖民地。但僅憑這一點並不是至今國旗仍保留該設計的原因，還有其他原因值得探討。

澳洲的最高元首和紐西蘭的國家元首是誰？

承認英國國王為君主的地區

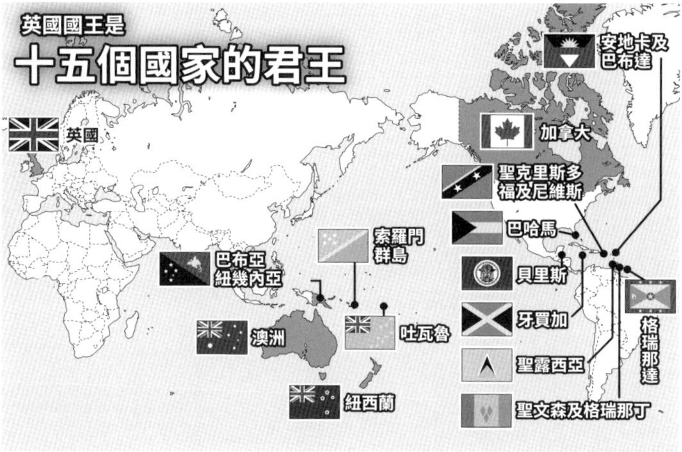

答案是查爾斯三世（Charles III）國王。也就是說，英國國王同時是澳洲的國王，也是紐西蘭的國王。

雖然只是形式上的職位，但英國國王同時是包含英國在內，十五個國家的國王。

只是，其中也有一些國家認為：「英國國王要當我們國家的國王到什麼時候？差不多也該脫離這個體制了吧！」

◉有五十六國加盟的大英國協

或許不是那麼廣為人知，但是即使不承認英國國王是國家元首，任何國家仍能加盟大英國協（Commonwealth of Nations）。

除了原本就是殖民地以外的國家，總共有五十六個國家加入大英國協，這是一個關係良好的國際組織。該組織為了加深彼此間的親善關係，每四年會舉辦一場運動盛事，名為大英國協運動會（Commonwealth Games），最近一次於二〇二二年七月底至八月上旬召開。

代表性的項目是英國的傳統運動板球，其他還有七人制橄欖球、田徑、游泳、桌球、拳擊、羽毛球和柔道等，內容豐富精彩。

最有趣的是該賽事沒有聖火傳遞，而是用女王接力棒取而代之。伊莉莎白女王身體還硬朗的時候，會將致辭稿放入接力棒裡面，之後接力棒會在大英國協各成員國間傳遞。由於現任國協元首是查爾斯三世，不知道這項儀式會不會改名為國王接力棒傳

大英國協56個成員國（亂數排序）

英國	南非	模里西斯	斐濟
馬爾他	烏干達	汶萊	加拿大
賽普勒斯	肯亞	新加坡	安地卡及巴布達
甘比亞	坦尚尼亞	馬來西亞	聖克里斯多福及尼維斯
獅子山	盧安達	巴布亞紐幾內亞	巴哈馬
奈及利亞	馬拉威	諾魯	多米尼克
迦納	莫三比克	索羅門群島	貝里斯
多哥	史瓦帝尼	萬那杜	牙買加
喀麥隆	巴基斯坦	東加	聖露西亞
加彭	孟加拉	澳洲	巴貝多
尚比亞	印度	紐西蘭	格瑞那達
納米比亞	斯里蘭卡	吉里巴斯	蓋亞那
波札那	馬爾地夫	吐瓦魯	千里達及托巴哥
賴索托	塞席爾	薩摩亞	聖文森及格瑞那丁

出處：大英國協官網

遞。

加入大英國協的好處，是入境免簽證及貿易上的優惠等。英國本身也從各國引進優秀的人才，讓他們在英國接受大學教育。其中有些人變得極度傾向英國，甚至於在回國之際會遇過「要不要當英國的間諜」之類的延攬，而且也確實有人接受間諜任務後回國，這也是英國的情報網能夠遍布全世界的原因。

二〇二二年九月過世的伊莉莎白女王，更是特別重視大英國協成員國之間的緊密關係。

已故的伊莉莎白女王，被稱為「全世界最重要的外交官」。她在年紀輕輕時甫一上任，就相繼訪問大英國協各成員國，所到之處無不夾道歡迎，電視新聞報導經常可以看到她出訪時留下的影像。大英國協之所以能團結一致，就某個層面而言，也可以說是因為有女王在之故。在女王駕崩的如今，大英國協的向心力或許也會因此衰退；據說，可能會有一些國家脫離大英國協也說不定。

第3章

透過地緣政治學解讀「美國與中國的勢力之爭」

從地圖上可看出中國的狡猾意圖

◉美國是海權國家，中國是陸權國家

防線與緩衝區，並不只是單屬於遙遠歐洲的話題。離日本很近的某處，也有一道防線存在。各位知道是哪裡嗎？

那就是韓國與北韓之間的非軍事區（以緯度來看，大約落在三十八度，故又稱為北緯三十八度線），這個地方目前有美國與中國在對峙著，也就是海上霸權美國和陸上霸權中國，這兩股勢力在相互較勁。

一九五〇年發生的韓戰，說穿了也是中美兩大勢力的激烈衝突。韓戰爆發的開端，是北韓軍隊突如其來向韓國發動侵略攻擊，之後美國立即派遣軍隊協助韓國應戰。

另外，聯合國安理會基於決議，由美、英、法、加拿大、澳洲、紐西蘭、荷蘭、菲律賓等十六個國家組成聯合國軍，與韓國軍隊並肩作戰對抗北韓軍隊。當時正占領日本的盟軍最高司令官道格拉斯・麥克阿瑟（Douglas MacArthur），在此戰役中也被指

北緯38度線是一道防線

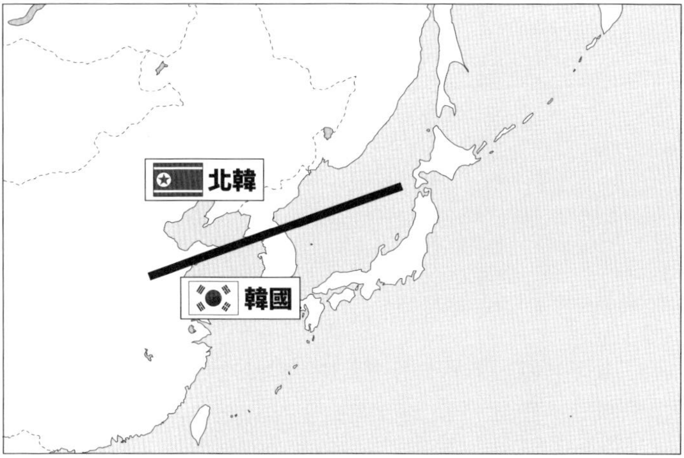

派為聯合國軍總司令，由此可以清楚看出，聯合國軍的主力其實就是美軍。

戰爭爆發之後，在北韓軍隊步步逼近之下，韓國軍隊放棄首都首爾，並且向南節節敗退，一時之間被逼退到朝鮮半島東南端。在這一籌莫展的絕境中，聯合國軍派兵支援，發動轉守為攻的攻勢；他們不只擊退北韓軍隊、奪回首爾，甚至突破北緯三十八度線繼續向北推進。

然而，就在眾人認為北韓潰敗只是時間問題之際，中國站在北韓一方，宣布參戰。隨後中國以志願軍的名義，派遣大批軍隊上戰場，一舉擊退聯合國軍和韓國軍隊。

之後雙方戰局有來有往，形成拉鋸戰，不久後就在北緯三十八度線陷入膠著狀態，最終雙方直到一九五三年才簽署《朝鮮停戰協定》。

如上所述，韓戰在中途變成了中國軍隊與美軍的戰爭，而中國與美國的對立形勢，至今依舊存在於朝鮮半島。

◉日本附近的防線與緩衝區

現今朝鮮半島是中國與美國勢力之爭的交界，但在第二次世界大戰之前，情況可說截然不同。讓我們把時代往前推，在某段時期，日本曾經是勢力之爭的當事者之一，而在那個時候，日本一直把這邊當成防線在經營。

過去中國支配朝鮮半島的時期，朝鮮半島與日本列島之間的海域是一道天然防

隨局勢而變動的防線

線，而朝鮮王朝（李氏朝鮮）則歸附於中國清朝政府。一八九七年，朝鮮王朝變更國號為大韓帝國，並脫離清朝，獨立建國。一九一〇年，日本併吞大韓帝國，這就是所謂的「日韓合併」。

之後，日本開始進攻中國，並在一九三七年爆發第二次中日戰爭；那時日本的防線已經轉移到中國東北、也就是當時稱為滿洲的地區。

更加深入探討可以了解，對日本而言，由北方施加壓力的蘇聯是一股巨大的威脅；為了防止蘇聯南下，日本亟欲在此處創造一片緩衝區，因此在一九三二年建立滿洲國。

換言之，當時中國東北到朝鮮半島一帶，都是勢力之爭的防線，現在這道防線已經移到朝鮮半島的三十八度線。

◉美中對立下的朝鮮半島

以地緣政治學的角度來看現在中國與美國的勢力之爭，會發現一件關於朝鮮半島的驚人事實。

這件事實就是，中國將北韓視為緩衝區。

北韓完全不聽取國際社會的意見，執意開發核武，並且頻繁發射飛彈，讓中國感到十分頭痛。然而，儘管中國對此感到困擾，但也並未認真阻止北韓開發核武與飛彈。

中國希望留下北韓作為緩衝區

為什麼會這樣呢？原因在於讓北韓繼續存在作為緩衝區，對中國來說符合國家利益。

針對北韓不停進行核子試爆與發射飛彈的行為，聯合國提出譴責，並且基於安理會決議，對其展開強力的經濟制裁，制裁一直持續至今。然而，面對經濟制裁，北韓仍舊有退路；他們私下販賣煤炭給中國，從而獲取外匯收入。一般咸認這種破壞制裁的行為，正是支撐北韓經濟的主要因素之一。

一旦經濟狀態惡化導致國民陷入極度窮困的環境，金正恩政權理應就無法開發核武與飛彈，這正是實施經濟制裁的目的；但中國卻為了不讓北韓經濟崩潰，對他們施予支援。

倘若北韓經濟難以維持民生，金正恩政權倒台使得國內陷入大混亂，或許韓國就會吸收北韓，完成統一。這樣的結局對中國而言，可以說是如惡夢般可怕。

韓國境內有美軍駐守，一旦讓韓國統治朝鮮半島全域，中國將與美軍駐守的國家在國境上直接接壤。三十八度線這道防線往北方移動，在中國的認知中，無異於美國勢力逼近到國境。

中國真正的目的是想盡辦法避免事態如此發展，或者說無論如何都必須避免。故此，中國想把北韓留下來當作緩衝區，一旦北韓崩解，將對中國帶來極大的困擾。

日本在地緣政治學上占有相當重要的地位

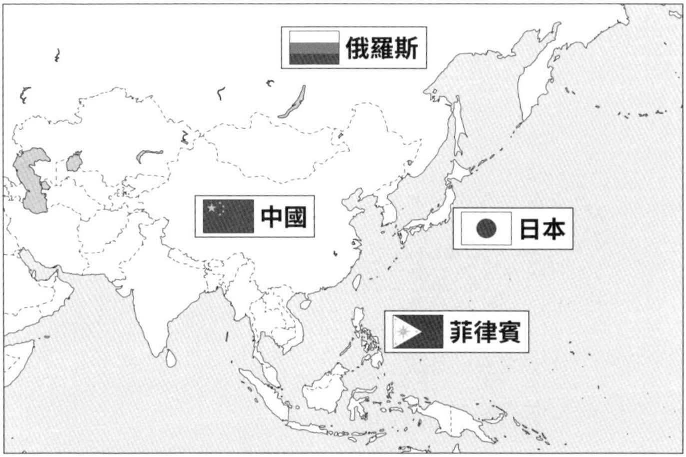

◉阻礙中國出海路徑的日本列島

近年來中國卯足全力想做的事情，就是透過海洋與世界接軌。

只是，雖然中國東部與南部都與海洋相接，但實際上能夠出海的路徑卻十分有限。

如果想穿過日本海向北方推進抵達鄂霍次克海，日本列島就是一道阻礙，因為這條路徑勢必要經過狹窄的津輕海峽或宗谷海峽。

就算想從東海進入太平洋，日本西南群島組成一道弧形，正好擋住出海的航路。另一方面，如果想從南海向南方航行，又會被菲律賓和印尼擋住，這些國家對中國而言都是干擾。

俄羅斯也面對相同的情況，舉例來說，俄羅斯想從遠東地區的海參崴航向太平洋，日本列島就是一道阻礙。

說得更極端一點，要是日本列島從這個世上消失的話，會怎麼樣呢？結果就是中國和俄羅斯都能輕易進入太平洋。

用地緣政治學來看這個情況，應該就能了解日本的地理位置非常重要。

擅長利用地理位置關係來布局的國家，正是海權大國美國。

美國在日本設置美軍基地，就能對中國、俄羅斯與北韓帶來壓力，形成一股牽制的力量，同時也監視這些國家，令其無法輕易進入太平洋。

美國在日本設置多個軍事基地的目的，除了守護東亞的安全，同時也是考量到美國自身的國家利益。

南海被稱為「中國的紅色舌頭」

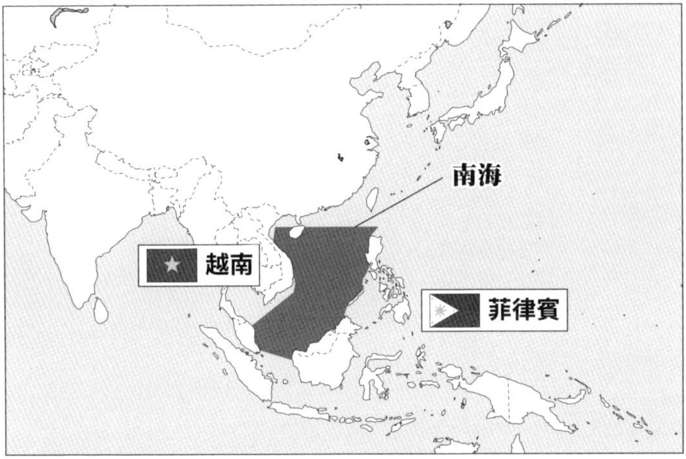

◉中國在海上也不斷擴張勢力！

站在中國的立場來看自己國家和周遭國家的地理位置關係，在日本近海，美軍造成的影響過於巨大，因此只能暫時放棄日本近海的航路，取而代之著眼的就是南海。中國一直想加強自己在世界上的影響力，因此一直積極擴張南海的勢力，想以此處為踏板進入海洋。

大約從二〇一三年左右起，中國就開始在南海的珊瑚礁、岩礁等地進行填海造陸工作，建造了七座人工島嶼作為軍事基地。

為了與之對抗，菲律賓和越南等國提出強烈抗議，表示「南海是我們的海域」，但中國對此完全充耳不聞，只是單方面表示「南海海域屬於中國」，並且繼續填海造地。

簡單說，中國是透過在這裡建造軍事基地、形成既定事實，來主張整個南海海域都屬於中國領海。

請看上頁這張地圖，因為南海的形狀像一條舌頭，所以被稱為「中國的紅色舌頭」。

◉利用「珍珠鏈戰略」入侵印度洋

中國想要擴張海洋勢力的慾望強烈，因此在霸占南海的同時，也對印度洋虎視眈眈。

中國協助面對印度洋的巴基斯坦、斯里蘭卡和緬甸等國建造海港，其中斯里蘭卡更是典型的例子，中國在此處投注莫大的資金，用以建設國際貨櫃港口。

然而，此事也成為斯里蘭卡被掌握的一個把柄，因為該國沒有足夠的償還能力。在建設途中，斯里蘭卡表示「實在無法償還欠款」，中國便表示「那就由我們來接收」，於是中國取得九十九年經營權，實際上等於奪取了該港口。中國利用這種強勢的做法，在印度洋上也不斷增強影響力。

把中國出資建設的港口航路連接起來，就像下頁的地圖所示。用中國自己的論述來說，整個南海所有權都屬於他們。另外，緬甸發生軍事政變（二〇二一年）後，與歐美的關係日益惡化，中國便趁機與軍政府接近，大幅改善雙方關係。斯里蘭卡接受中國援助後蓋了一座港口，巴基斯坦則是一開始就傾中，與中國的關係一向良好。另外，非洲東北部的吉布地，更是有一座中國初次在海外建造的軍事基地。

被稱為「珍珠鏈」的航路

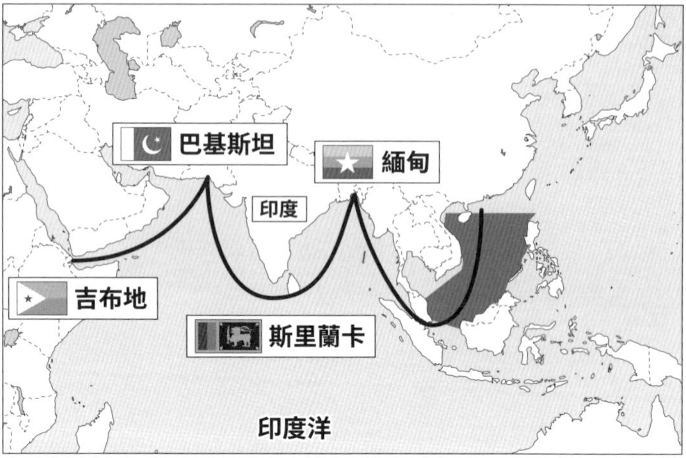

這幾個地方連接起來的航路，對中國而言具有極為重要的意義。

若把上圖中的印度看成一張人臉，下方的航路看起來就像一條項鍊，而印度南方的斯里蘭卡又像一顆珍珠，因此該航路便被稱為「珍珠鏈」。總之，中國在印度洋沿岸國家建造港口，目的在於封鎖住印度的航路，並且確保自己能夠踏足印度近海。

遭到封鎖的印度，當然不會對這樣的情況視而不見，該國抱持著強烈的危機意識，開始加快速度配置潛艦和航空母艦。對於印度而言，還是希望將印度近海納入自己管轄，因此才會致力於增強海軍戰力。

◉中國將同時握有陸權與海權!?

我們可以看到中國企圖從南海和印度海進入海洋，但這只是個開端，中國還有更加宏大的企圖。

過去，中國原本是一個陸權國家，但現在正積極拓展踏足海洋的實力。事實上，由此我們可以看出中國亟欲達成的目標，就是同時掌握陸地與海洋的霸權。

「作為陸權國家的中國取得海權，在陸地和海洋都能掌握世界霸權。」

中國打的如意算盤正是如此，為了實現這個願望，該國提出了「一帶一路」戰略想法。

「一帶一路」的具體構想，是加強連結中國與歐洲的貿易路徑，並順著該路徑擴

中國進入海洋的企圖為何？

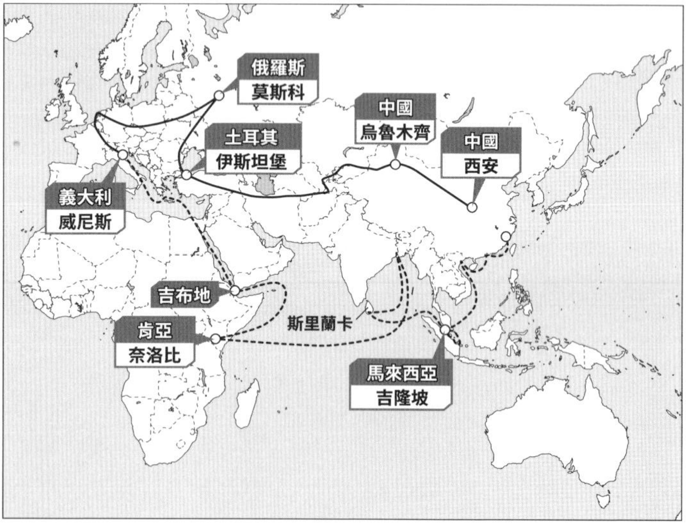

大對周邊國家的影響力。

「一帶」指的是陸路，而「一路」則是航路的意思。一旦實現這項計畫，就能同時獲得陸權與海權。

但是，歷史上並未有任何一個國家，能夠成功同時擁有最大限度的陸權與海權。同時經營陸權與海權是一件極為困難之事，想要掌握這兩股勢力，只能透過各種強硬蠻橫的手段，因此至今沒有順利達成的實例。

在防範他國侵略的同時，又要擴張海上的勢力，這樣一來就需要龐大的費用。至今為止，還沒一個國家能夠負擔如此巨額的開銷。

但是，中國在近二、三十年迎來顯著的經濟成長，現今已成為世界第二大經濟體，軍事力量也緊追在美國之後，並明確表達其目標是超越美國。就這層意義上來看，中國究竟是能推翻歷史上的常識、同時擁有陸權與海權，還是會以失敗告終？世界各國皆高度關注此事的進展。

◉中國無視規則的做法是否招致反感？

然而，就算中國再怎樣處心積慮想從陸地和海洋雙方面掌握世界的霸權，他們違反國際慣例在南海建造人工島嶼的行為，仍舊是種會引發他國反感的一意孤行。故此，會和這種國家攜手合作的國度並不多吧？觀之忍不住會有這樣的疑問。

針對這一點，中國也明白有些國家並不認同她的做法，因此才會致力於加強軍事力量來應對。中國的想法一向都是在面對紛爭時，不管三七二十一，直接以實力來強行突破。

中國擁有三艘航空母艦，光憑這三艘便足以守住南海的勢力範圍，也能讓美軍航空母艦有所顧忌，不敢輕易靠近。最後憑藉軍事實力掌握發言權，迫使他國就範，這就是中國的戰略。

另一方面，加盟北約的歐洲各國，整體來看具有與中國抗衡的軍事力量。因此，面對毫無倫理道德觀念且無視國際規則的中國，確實可以表明不願與之為伍的態度，但如此一來就必須做好在經濟面遭受重大打擊的覺悟。

中國是一個經濟大國，許多國家也正面臨著不得不與中國進行貿易的狀況，也就是與中國脫鉤將導致國家生存困難。如此一來，這些國家就會想：「不可以惹怒中國，只好一直忍耐」，進而對於中國這種旁若無人的行為，只能睜隻眼閉隻眼，不敢加以譴責。

專欄3 用地圖認識世界

中東——國王與大公有什麼不同？

◉明明位於日本西邊，為什麼稱為中東？

在沙烏地阿拉伯、伊朗、以色列等國的相關新聞中，幾乎都會提及「中東地區」這個名稱。但是，為什麼那裡叫做中東呢？

從地圖上來看就能一目瞭然。事情其實非常單純，因為以英國為中心來看，該地確實處於東方，所以英語就寫成Middle East。

誠如下頁所示，以英國為中心的世界地圖，可以看出對英國而言，東方是印度。以阿拉伯半島為中心的那一帶，就不是那麼偏向東邊，大致上還是偏中間，所以稱為中東。而比印度更加遙遠，幾乎是最東邊地區就稱為遠東。日本與日本周邊就屬於遠東地區，這些都是以英國為中心所產生的稱謂。

為什麼稱為中東？日本為什麼是遠東？

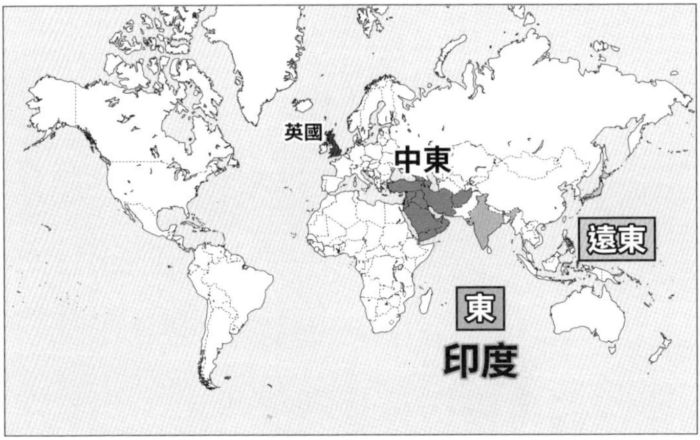

◉ 大公人數眾多，與國王有什麼不同？

說到中東，一般人的印象應該是有很多國王吧！

舉例來說，由七個國家集結而成的UAE（阿拉伯聯合大公國），組成該聯邦的各國統治者，地位與國王相仿，人們稱之為大公。那麼各位知道，大公和國王有什麼不同嗎？

雖然實質上的意義幾乎相同，但是各國都對臨近某個龐大的王國有所顧慮，所以才會更改稱謂。

大公和國王有什麼不同？

照片：達志影像

這個龐大的王國就是沙烏地阿拉伯，該國的國名意思是「沙烏地家的阿拉伯」，同時也代表沙烏地（又稱紹德）這個王室家族，支配著廣大的阿拉伯半島大部分領土。

沙烏地阿拉伯與其他中東國家最大不同之處在於，伊斯蘭教的兩大聖地：麥加與麥地那，都在該國領土內。

麥加是伊斯蘭教創始人穆罕默德的出生地，該地還有一個巨大的神殿，名為克爾白聖殿。穆斯林都希望一生中能夠到那裡朝拜一次，而且全世界的穆斯林，每天都會朝著該神殿的方位虔誠禮拜。

麥地那則是穆罕默德逝世的場所，穆罕默德的墓地也在那裡。

沙烏地阿拉伯王國就守護著這兩個伊斯蘭教的聖地，周邊各國為了對沙烏地阿拉伯的國王表示敬意，「我們的稱謂可以比他降一階也無妨」，所以就謙遜地以大公自稱。

第4章

中國鎮壓香港，在地緣政治學中具有什麼意義？

統一台灣的布局

◉民主化運動遭到鎮壓，連示威活動都禁止！

二〇二〇年六月三十日，《中華人民共和國香港特別行政區維護國家安全法（香港國安法）》宣告實施，香港就完全變了一個樣貌。

這套法律是由中國政府主導制定，並未反映香港社會的民意。隨著《香港國安法》在香港正式施行，香港社會也為之產生了巨大變化。

現今的香港，在街上再也看不見示威遊行活動，過去每天都會看到示威群眾與警方發生衝突。參加示威活動的年輕人相繼遭到逮捕與收押，民主化運動受到嚴厲鎮壓。代表性的民主派新聞媒體《蘋果日報》被迫停刊，創辦人也遭到逮捕，種種事跡都顯示出香港的言論、集會自由受到大幅度的限制。

到底為什麼事態會演變至此？有人指出中國政府對香港採取強硬態度，是為了統一台灣所設下的布局。對中國而言，統一台灣一直是個勢必要達成的夙願。中國國家主席習近平也明確表示，依據事態的發展，不排除使用武力促成統一。而在達成統一台灣的夙願之前，必須先將香港完全納入中國政府的控制下。

◉香港的百萬人大規模示威活動掀起波瀾

香港在二〇一四年曾經發生一場大規模示威活動名為「雨傘運動」，引起世界關注。

這場示威活動的導火線是，預定於二〇一七年舉辦的香港行政長官選舉，香港政府雖然認可年滿十八歲的市民都能擁有一人一票的投票權，但香港政府卻作出一個政治決定——同意中國全國人大常委會所通過的「八三一決定」（行政長官候選人的提名須經過半數以上提名委員會委員的支持），企圖讓民主派人士無法提名候選人。

候選人全都是親中派人士，支持民主派的市民即使擁有投票權，卻也沒有任何符合民意的候選人可選，整場選舉可謂毫無意義，因而引發民怨沸騰。

順帶一提，「雨傘運動」這個稱謂，是因為在示威活動現場，警方施放催淚彈及

二〇一九年夏天發生於香港的「百萬人大遊行」

照片：達志影像

強力水柱，示威群眾紛紛撐開雨傘與之對抗，因而得其名。

示威活動在幾經鎮壓之後逐漸消散，卻又在二〇一九年再度捲土重來。

此次示威活動在六月時發展至超過一百萬人參與，示威群眾更是占領了立法會（相當於台灣立法院）會議廳以及香港國際機場，部分群眾的行動愈來愈激烈，甚到到了二〇二〇年新冠病毒感染擴散，示威活動依舊不見停息的跡象。

那麼，為什麼在這個時期，香港

屢次發生大規模示威呢?接下來，容我稍微詳細講述事發緣由。

◉作為英國殖民地穩定發展直至富饒

香港原本是中國的一部分，因為某件事情，從而成為英國殖民地。

所謂某件事情，指的就是鴉片戰爭（一八四〇～一八四二年）。

過去英國曾將名為鴉片的毒品，出口到當時還是清朝統治的中國；其後清政府苦於鴉片中毒患者大量增加，因而開始取締，此舉惹怒了英國，並對清展開攻擊，這場戰役就是鴉片戰爭。結果，獲勝的英國取得香港，從此之後香港便成為英國殖民地。

請各位看下頁的地圖，中國大陸南部面臨南海之處，就是香港所在地。

香港的第一個重要性是，它是在亞洲貿易中，聯結歐洲與美國等地的中繼點。

第二，香港是一座國際性的金融中心，各種金融機構都在此處設立據點。

第三，香港原則上是免關稅的地區，也沒有消費稅和遺產稅。正因如此，想在此

香港曾被喻為「東方之珠」

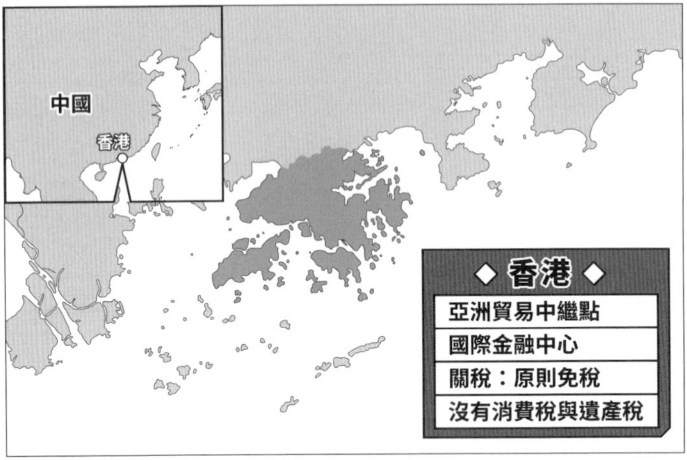

地做生意的人愈來愈多，許多公司也大舉進駐。這三項特點，讓香港獲得長足的發展。

香港因為這樣的繁榮，而有「東方之珠」的美稱，特別是香港夜景十分優美，從太平山（位於香港島西部，海拔五百五十二公尺）向下眺望的景色，被喻為是「百萬美金的夜景」。

截至一九九〇年代，香港都比中國本土還要富裕許多。

◉討論香港主權移交中，柴契爾夫人與鄧小平的外交手腕

香港在一九九七年，也就是距今二十六年前，從英國手中交還給中國。

然而，各位是否知道，兩國約定於一九九七年歸還的區域，並不是整個香港？很多人都以為香港全域租借給英國九十九年，但事實並非如此。

從下頁的地圖可以清楚看出，最初因為鴉片戰爭，香港島是永久割讓給英國，該島已經是英國領地，這件事發生在一八四二年。

接著在第二次鴉片戰爭（一八五六～六〇年）後，香港島對岸的九龍也成為英國領地。

再其後，一八九八年包括九龍半島等地，都由中國承諾租借給英國九十九年。

但是，香港島是一座完全沒有水源的島嶼，該地地質十分堅硬，雨水無法滲入地底，因此民生用水與食材都必須從九龍半島運入。英國也因為永久持有領地過於不便，就將那些領地也改為租借九十九年的形式。

針對香港問題，中國與英國展開談判

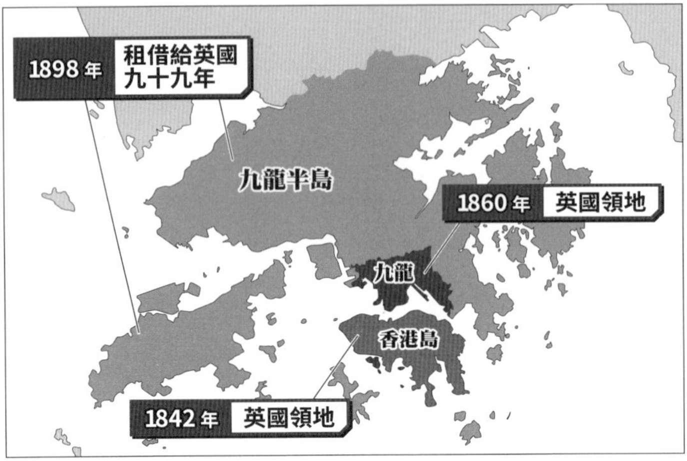

在九十九年期限即將屆滿之際，時任英國首相的柴契爾夫人（Margaret Thatcher），與當時中國最高領導人鄧小平進行交涉，希望能夠稍微延後主權移交的日程。

然而，在談判當中鄧小平表示：「如果我們根本談不攏，中國將考量接收香港的時間和方式。」

鄧小平所謂「接收香港的方式」，包含了使用武力。換言之，倘若英國不願移交主權，中國將不惜使用武力。此次談判，最終迫使柴契爾夫人「遵守約定」。

結果，英國終究是屈服了。一九九七年，包括九龍、香港島在內的整片香港地區主權，悉數移交至中國手中。

◉一國兩制下，香港的自由獲得保障

香港主權移交之際，中國採取了一項全世界都很罕見的制度，那就是一國兩制。也就是說在中國這個單一制國家之中，分別實施兩種不同的經濟和政治制度，中國是社會主義，香港則是資本主義。

鄧小平時代實施改革開放政策的中國，究竟是不是一個真正的社會主義國家？人們對此議論紛紛，但表面上中國仍舊宣稱自己是社會主義國家。另一方面，香港實施的是資本主義，同一個國家承認不同的體制，就是所謂的一國兩制。

香港與中國具體的差異為何？

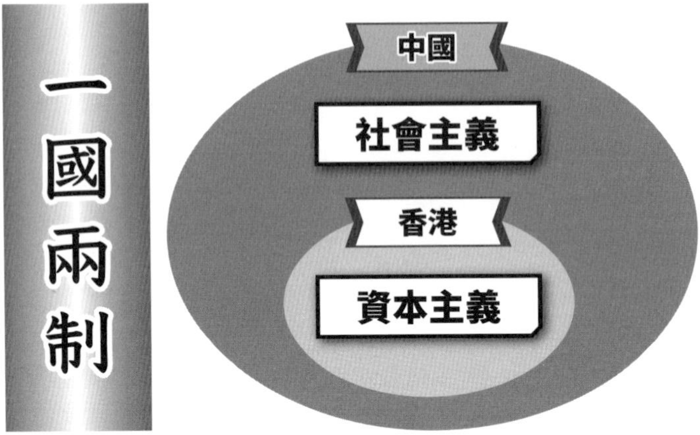

中國		香港
社會主義	體制	資本主義
中華人民共和國憲法	憲法	香港基本法
不獨立	司法獨立	保障
限制	言論、報導 出版、示威	保障

從具體的差異來看，中國的體制是社會主義，香港則是資本主義。相對於中國的《中華人民共和國憲法》，香港則遵行《香港基本法》。

《中華人民共和國憲法》明訂，中國公民（人民）必須遵從共產黨指導；故此，中國實質上是一黨專政的獨裁國家，即使有憲法，人們還是必須對共產黨言聽計從。但是，中國政府承認香港能夠擁有「高度自治」。《香港基本法》經常被比喻為一部迷你憲法，事實上它就是香港的憲法。《中國人民共和國憲法》並不直接適用於香港，香港市民能夠在《香港基本法》的架構下，自行制定法律。

關於司法獨立一事，在中國，法院和檢察單位都必須遵從共產黨的指示，無視法律條文的存在，僅遵循共產黨的方針做出判決。

另一方面，香港的制度則保障司法獨立，每一項判決都必須單純依循法律，沒有共產黨置喙的餘地。

言論、報導、出版、示威等權利，在中國受到嚴格的限制，但是香港則保障人民可以擁有這些自由。

同一個國家當中存在著如此巨大的差異，就是一國兩制的體現。

◉香港對中國而言是「下金蛋的鵝」

當然，中國願意施行這樣的制度是有原因的。香港能夠快速發展起來，明顯是拜資本主義所賜；倘若廢棄一切，改為實施社會主義，香港市民或許會悉數逃離，這麼一來就會讓中國形象大跌。因此中國必須承諾「五十年不變」，讓香港人能夠安心生活，進而避免他們害怕而逃離香港。

再者，香港對中國而言，也是一個促進經濟發展的珍貴場所。過去，經常有人這麼形容香港：

「下金蛋的鵝」。

也就是俗稱的「金雞母」。香港在資本主義的庇蔭下繁榮起來，中國也能藉此沾光，抹殺這一切成果未免太過可惜，所以共產黨決定維持現狀，這樣的想法也是促成一國兩制的原因之一。

那麼，在主權移交的當下，香港市民又是怎麼看這件事的呢？他們認為五十年之內，中國終究會邁向民主化、成為一個自由的國家，所以多數人才會欣然接受一國兩制。

但是，也有些人抱持不同看法。他們認為中國所說的一切都不值得相信，因此也有不少人姑且先到國外（加拿大等國）取得國籍，再回到香港工作。這麼一來，只要有什麼風吹草動，他們就能逃到取得國籍的那個國家，算是一種自保的準備。

◉《香港國安法》具體內容是什麼？

雖然中國承諾香港到二〇四七年為止都能保有自由的生活方式，但是在二〇一〇年代，整個風向一下子產生巨大轉變。

先前已經講述過二〇一四年「雨傘運動」的前因後果，簡單說，中國政府明明承諾「五十年不變」，讓香港市民能安心住在香港，但是中國違反約定的行徑卻愈來愈明顯。這些反對的人於是齊聲高喊：「再這麼下去根本就是不守承諾，跟當初說的不一樣。」

香港自二〇一九年春天起，就頻繁發生示威活動，到了六月更是發展成百萬人上街的大規模示威抗議。即使進入二〇二〇年，因為新冠肺炎的緣故，上街的人數減少，零星的示威活動還是沒有停止。中國政府非常重視這一連串的抗議行動，於是祭出各種具體的措施，企圖大幅限制香港的自由。

依照一國兩制的原則，本來中國政府是不能對香港的制度有任何意見。因為香港人應遵守的法律，必須由香港人民來制定。

然而，此時中國卻一反常態開始制定法律，想要強行加諸於香港市民身上。這套法律就是《中華人民共和國香港特別行政區維護國家安全法》，簡稱為《香港國安

中國政府制定法律，強迫香港人民接受！

香港國安法

分裂國家、顛覆國家政權、
恐怖活動、勾結外國或者境外勢力
危害國家安全……等

禁止

法》。

由於制定這套法律的方針是由中國政府全權決定，香港市民認為「中國撕毀『五十年不變』的約定」，進而產生強烈的反抗。

《香港國安法》的主要內容明定禁止四類犯罪行為，①分裂國家、②顛覆國家政權、③恐怖活動、④勾結外國或者境外勢力危害國家安全，觸犯者最高可處無期徒刑。

但是上述四類犯罪行為，每一條都規定得曖昧含糊，讓人無所適從。

該法律沒有明確指出具體做了什麼事會受到處罰，因此在運用上，政府可以相當程度地擴大解釋。

舉例來說，如果發起香港獨立的運動，或許就會被視為分裂國家的行為，受到嚴厲懲罰。

另外，如果批評中國共產黨，也可以解釋成顛覆國家政權。在激烈的抗爭過程中，破壞警車、建築物或是其他物品，也能被視為是恐怖活動。更甚者，如果接觸派駐在香港的歐美領事館職員或外交官，也可能被說成勾結境外勢力，威脅國家安全。只要有一丁點懷疑，馬上就會遭到逮捕。

◉《香港國安法》令一國兩制變質！

在《香港國安法》施行之前，認為「中國共產黨的做法太不合理」的香港人光是上街抗議都要提心吊膽，因為隨時可能遭到肅清逮捕，並且受到重罰。

直到《香港國安法》實際施行，民主化運動受到嚴重打壓，這樣的發展確實正如人們所料。

民主派女性政治家周庭（Agnes Chow Ting），過去曾用日文發表自己的意見，就被以違反《香港國安法》為由逮捕。最後，她被指控參與及煽惑他人明知參與未經批准集結的罪名，判刑十個月並入監服刑。

另外還有一位作為民主化運動召集人而聲名大噪的人物黃之鋒（Joshua Wong Chi-fung），被指控犯下組織未經批准集結、煽惑他人明知而參與未經批準集結的罪名，判刑十三個月半，之後又因進入香港維多利亞公園參與六四燭光晚會，遭到判刑十個月並入監服刑。隨後服刑完畢，卻又在二〇二一年二月，因涉嫌違反香港國安法當中的顛覆國家政權罪遭到起訴。

這一次，包含黃之鋒在內的民主派人士共計四十七人遭到起訴，至此民主派的主要成員可說已被一網打盡。

如上所述，原本中國政府承諾保障的香港自由，如今卻屢屢遭受限制，一國兩制的本質也產生巨大質變。

◉導火線是《逃犯條例》修訂草案

會讓中國未經香港立法會決議，擅自制定《香港國安法》的導火線，是二〇一九年香港政府提交《逃犯條例》（送中條例）修訂案至立法會審議。

一旦這項修訂案通過，香港市民只要被認定為犯罪嫌疑人，就能引渡至中國受審。

如此一來，只要敢批評中國或說中國的壞話，或者只是參加集會遊行抗議，就有可能被視為嫌疑人，引渡至中國接受審判。香港市民對此感到極不合理，因而發起猛烈的反抗運動及大規模示威遊行，香港政府雖然努力說服大眾，還是無法獲得理解，最終不得不撤回該修訂案。

原本《香港國安法》應該是由香港政府獨立制訂的法律，但光是《逃犯條例》修訂案就無法在立法會通過審議，限制更加嚴格的《香港國安法》，更不可能經由香港的立法程序來產生。

中國政府看到香港的情況，便下定決心不能再放任香港維持現狀。於是，中國政府想到的方法是越過香港立法會，直接由中國政府來制定法律；之後，他們就發布了《香港特別行政區維護國家安全法》，並且加以施行。

◉中國真正的意圖是藉由一國兩制統一台灣

中國制定《香港國安法》的原因之一，就是因為海峽對岸的台灣。當時中國政府懷疑，香港的民主化運動可能有台灣在背後支援。

站在台灣人的立場來看，香港若能推動民主化，香港市民與中國的關係就會漸行漸遠，可以不用仰中國政府鼻息，言論與行動也更加自由，將來也就更容易推動台灣

中國真正的野心是「統一台灣」

中國
台灣
台灣統一可以
適用一國兩制
絕不接受
一國兩制
習近平國家主席
蔡英文總統

獨立建國，這樣的期待促使台灣人願意發聲挺香港。

台灣的態度則讓中國政府產生警戒，因而急促地制定《香港國安法》。

原本在一九九七年香港主權移交之時，中國提出一國兩制，最終的目標就是為日後統一台灣建立一個範本。

「中國與台灣雖然同屬『一個中國』，但可以實施兩套政治體制，這樣所有問題就解決了，所以台灣還是成為中國的一部分吧」。

原本中國政府是打算用這套話術

來對台灣喊話，因此才會先在香港實施一國兩制。

中國國家主席習近平也在二〇一九年一月，主張採用一國兩制來統一台灣。另一方面，台灣總統蔡英文則在二〇二〇年五月，明確表達絕對無法接受一國兩制。

蔡總統能在這個時期發言表示拒絕一國兩制，原因在於施政團隊的防疫政策奏效，成功將新冠肺炎帶來的影響降到最低，連帶使她的支持率節節攀升。另一方面，她也有激起台灣人民「這樣下去將被中國併吞」的危機感，進而鞏固她在台灣的基本盤。

站在中國的立場來看，香港的局勢帶來的負面影響十分巨大。只要香港的示威不停止，中國就無法說服台灣人「一國兩制是可行的方案」。

「果然不要和中國綁在一起比較好，希望台灣還是維持現狀」，當這樣的想法成為台灣民眾的共識，是中國最不想見到的情況。

有人認為，中國急著不擇手段鎮壓香港的示威活動，或許就是因為對於未來統一台灣這個目標，感到焦灼不安吧！

但是，台灣民眾眼見中國對香港採取如此強硬的手段，很有可能反而會更排斥一國兩制。中國處理香港問題的過程，看在台灣人眼裡可以說是完全的反效果。

◉香港的示威活動其實是中美之爭!?

當時中國的外交部長王毅在二〇二〇年五月二十四日的記者會上，針對《香港國安法》發表以下看法：

「（反送中抗議）是外部勢力深度非法干涉香港事務。」

「維護國家安全歷來是中央事權，在任何國家都是如此。」

「《香港國安法》有利於維護『一國兩制』的基本方針。」

整段發言的重點在於強調，最終只有中國政府能夠守護香港，不容其他國家說三道四。特別是發言中一再提及「境外勢力」，暗示著香港的示威活動背後有他國介

面對國際社會批評，中國提出反駁

二〇二〇年五月二十四日外交部記者會（摘要）
（反送中抗議）是外部勢力深度非法干涉香港事務
維護國家安全歷來是中央事權，
在任何國家都是如此
《香港國安法》有利於維護
一國兩制的基本方針
外交部長王毅

照片：達志影像

入，各位認為境外勢力指的是哪個國家呢？

答案其實呼之欲出，就是美國。中國一直懷疑香港的示威活動，都是美國在背後煽動。

事實上，美國在香港持續激烈抗爭的最高峰，也就是二〇一九年十一月的時候，就制定了一部《香港人權與民主法》。

該法案提及，當美國政府認定香港的一國兩制無法順利推行下去時，美國將重新審視是否繼續給予香港關稅等特殊待遇。

站在美國的立場來看，香港市民的人權是否受到保護，是觀察的重點事項，但站在中國角度來看，美國此舉無異是干涉中國內政。

而且中國懷疑香港的示威活動背後，有美國情報機構ＣＩＡ（中央情報局，以下簡稱中情局）在暗中指揮。

實際上，香港在過去英國統治的時代，就是英國與美國情報機構的活動據點，而據說中國的間諜組織也暗中在香港執行各種任務。中國本土到處都有共產黨的監視網，但在實施一國兩制的香港卻無法進行那麼嚴密的監視，因此各國的情報機構都在香港蒐集情報。

◉美國取消香港優惠待遇，強化對中制裁

美國制定《香港人權與民主法》，目的是對中國施壓，希望中國能讓香港保有

香港市民的人權是否受到保障，是美國關注的重點

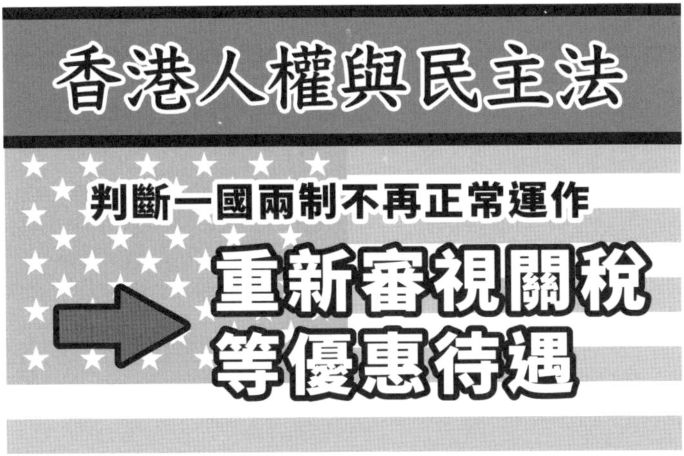
香港人權與民主法
判斷一國兩制不再正常運作
重新審視關稅
等優惠待遇

「高度自治」，並信守當初對一國兩制所做的承諾。但是，中國並不在乎美國對香港的重視，在二〇二〇年六月三十日還是通過了《香港國安法》，並且在同日公布實施。

美國眼見這套法律使得一國兩制形同虛設，隨即在七月取消香港的各種優惠待遇。接著他們更進一步，在國會中通過準備多時的《香港自治法》，作為對中制裁的法案。

從具體內容來看香港優惠待遇，就是當美國從外國進口貨物時，都會

美國的制裁有利有弊

取消香港的優惠待遇！
取消關稅與簽證的優惠
對香港採取與中國本土城市同等的待遇

課徵關稅，但是從香港進口時，就給予極低關稅的優惠；故此，停止這項措施，就是不再對香港給予特殊待遇。

另外就是簽證方面的優待，過去香港市民想去美國旅行或者工作，都能順利申請到赴美簽證。一旦取消香港的優惠待遇，香港就變得和中國本土的其他城市一樣，無法輕易申請到赴美簽證。

《香港自治法》還針對限制香港民眾自由或侵害人權的有關當局人士祭出制裁，凍結該當事人的資產，或禁止其入境美國，甚至與當事人有往來的金融機構也是制裁對象。

這一連串的制裁措施，將造成以下各種影響：

首先，在香港共有一千家以上美國企業，數量不少，但此法案通過後，可能使得企業開始想到「香港既然不再享有優惠待遇，那就應該考慮撤出香港」。事實上，進駐香港的美國企業數量，在二〇一九年六月時有一千三百四十四家，但到了兩年後的二〇二一年六月，則減少至一千兩百六十七家（出處：JETRO），整體比率約減少六％。

關稅相關的優惠待遇一旦被取消，自然會對貿易產生影響。香港生產的商品對美國的出口也會受到一定打擊。

再者，《香港自治法》不僅將進行鎮壓的相關官員視為制裁對象，就連與其有往來的金融機構也是制裁的對象；且該法案除了對香港與中國的金融機構有效，包括日本在內的海外金融機構也可能受到制裁。具體來說，就是禁止這些金融機構用美金進行交易，若不幸遭受制裁，對一家金融機構可說是生死存亡的問題。

香港這個地方在世界金融市場中，占有非常重要的地位，萬一多數的金融機構被指定為制裁對象，可能導致世界金融市場陷入混亂。為了不讓上述情況變成事實，金融機構自身就會嚴格挑選客戶，因此這項制裁可以說是十分強力的手段。

上面所說的制裁手段，都是以香港政府和中國作為目標。但是，香港市民也並非毫髮無傷，想去美國的人無法輕易成行，從香港出口的貨物也不再有關稅優惠，這些措施都讓一般香港人受到打擊。

雖然制裁的對象並不是香港人，但香港市民卻也難以完全避開影響，這樣的結果顯示出制裁就像一把雙面刃的特性。

◉相繼逃離香港的人們

面對中國打破「（香港的現狀）五十年不變」的約定，不僅是美國嚴厲批判，並採取具體行動，英國也對此做出反應。

英國在香港還是殖民的時期，曾發行英國國民海外護照（British National Overseas passport，簡稱BNO護照），只要持有該護照，即使沒有簽證也能進入英國，並且居留六個月。在香港主權移交給中國後，持有這本護照的人，仍舊可以無條件進入英國。

持有英國國民海外護照的香港人據說有三百萬人，香港人口總數約為七百五十萬（二〇一九年），因此約有四成市民持有該護照。面對香港的情況，英國國內也掀起討論，認為在中國強行違反約定的情況下，應該給予這些持有海外護照的人公民權（國籍），讓他們可以來到英國生活。

雖然最後英國並未大量接收香港人，但是看到《香港國安法》實施後，一國兩制形同虛設，英國也在二〇二一年起開始發行特別簽證，讓英國國民海外護照的持有者及其家屬，能夠在英國定居五年後申請永久居留，之後更可以申請成為英國公民。

根據報導顯示，自二〇二一年一月底到隔年三月底為止，十四個月之間共有十一萬人以上取得特別簽證。對香港現狀感到失望、對香港未來不再抱持希望的人們，陸續拋棄香港，前往英國。

另一方面，也有不少數選擇加拿大作為移居地。事實上，有些人擔心香港主權移交後，將不再享有原本的自由，因此從一九九〇年代起便陸續遠渡加拿大，並取得加拿大國籍。主權移交後看到一國兩制順利施行，多數人覺得「應該沒問題」，因而回到香港生活，據說這樣的人約有三十萬名。

如今，這些持有加拿大國籍的人們，有一部分又離開香港，前往加拿大。其他像是澳洲和台灣，也是香港人逃離後選擇的去處。香港愈是變得中國化，香港的人口流失就會持續不斷。

◉立法會中的民主派消失殆盡！

二〇二一年十二月，香港舉行立法會選舉。結果九十席議員席次中，八十九席是親中派，剩餘的一席是中立派，民主派完全沒有獲得任何席次。

這是因為香港政府更改了選舉制度，推動民主化運動的民主派，事實上連成為候選人的資格都沒有。

想成為立法會選舉的候選人，事前必須經過候選人資格審查委員會審查，合格者方能參選。但是，審查的重點項目，就是符合「愛國者治港」的標準。

所謂「愛國者」，簡單來說就是宣誓效忠於中國政府的人。對追求與中國本土不同、普遍自由民主主義的民主派人士而言，這是完全不可理喻的內容。現實擺在眼前，只要有資格審查委員會存在的一天，民主派人士就不可能成為候選人。

雖然也有自稱民主派人士通過審查成為候選人，但是看在香港市民眼中，該候選人只是迎合中國政府的假民主派，最終全數落選。立法會內清一色都是親中派，香港市民要求堅持一國兩制的民意，完全被當成耳邊風、置之不理。

但是，中國政府對國內外大肆宣傳，說他們平息了大規模暴動，讓香港不再陷於混亂，藉此證明一國兩制仍是成功的範例。即使一國兩制本質已經明顯改變，中國卻始終不願承認此事，在他們的敘事中，香港是在一國兩制下，實現了「愛國者治港」的願景。

◉「二〇二七年武力犯台」是真的嗎？

中國完全控制香港之後，下一步目標就是統一台灣，而且動作益發積極。

二〇二三年二月，美國中情局局長伯恩斯（William Joseph Burns）在華盛頓演講時明確表示，中國國家主席習近平已指示軍方，必須在二〇二七年底前，做好攻台準備。

關於中國攻打台灣一事，二〇二一年三月時任美國印太司令部司令的戴維森（Philip Scot Davidson）曾公開表示：「我認為，武統台灣在未來十年是相當可能的，老

中國軍艦航行於香港沿海

照片：達志影像

實說，很可能就在未來六年內。」這一看法與伯恩斯不謀而合。

武力犯台的時間看似一分一秒逼近，而台灣有事就是日本有事。

中國軍隊一旦攻打台灣，不論日本願不願意，西南群島的一部分都會成為戰場。再者，若美軍要從駐日美軍基地派遣部隊前往救援台灣，中國軍隊很有可能會率先攻打該處。攻打駐日美軍基地就等同於攻打日本領土，日本為了守護自己的國家，到時候也不得不參戰。

如此一來，想到日本必定被捲入這場紛爭，那麼台灣有事就是絕對要避免的情況。

對日本人來說，放大聲量告訴中國「請放棄武力犯台，應該利用和平對話來解決問題」是必須要做的事。

專欄4

用地圖認識世界

非洲——為什麼國界是直線？白色部分是什麼地方？

◉非洲的國界為什麼那麼多直線？

翻開地圖觀察非洲大陸，各位是否會發現「好像跟其他地區不太一樣」？

非洲大陸的特徵，就是很多地方的國界都是筆直的一條線。一般來說，區分國與國的界線大都是山谷、河川或山脈，多數國土都是依照自然環境來形成。

然而，非洲大陸卻在英國和法國的殖民時期，被擅自劃定國界。殖民者總是說道：「這塊是我的地盤」、「那我就要這塊地」，自顧自地就劃定界線，所以才會有那麼多國界是直線。

非洲的筆直國界十分醒目

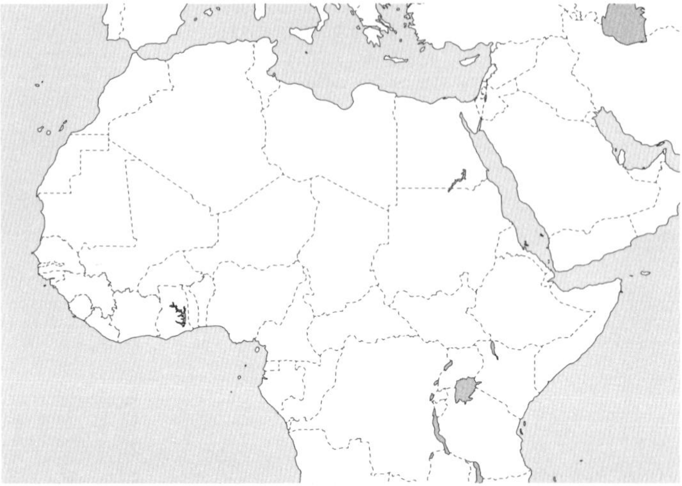

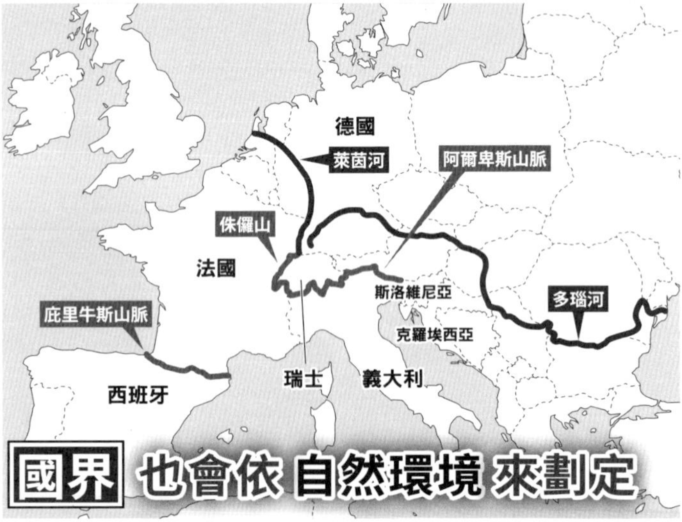

原本是一個國家，遭到法國與英國瓜分

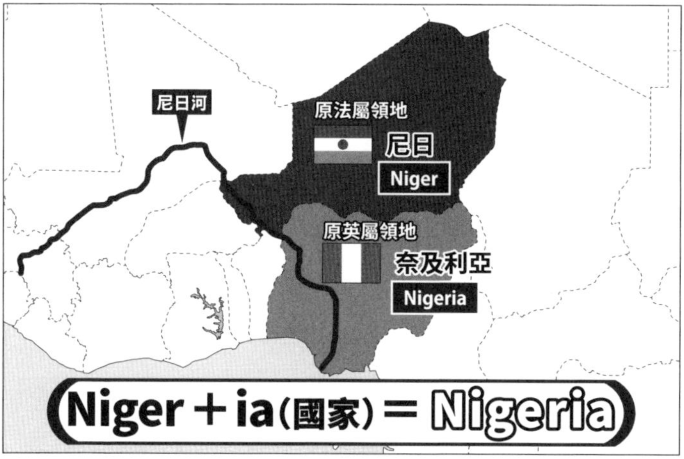

◉在國名與國旗中隱藏著什麼故事呢？

在非洲大陸也能看到殖民時期殘留下來的國家名稱。

舉例來說，各位是否知道尼日和奈及利亞，其實原本是相同的詞彙？

西非尼日河這個名稱，意思是「寬大的河流」或「漆黑的河川」，但是河道北側是法國的殖民地，所以獨立後就直接以尼日作為國名。

河道南側是英國殖民地，所以決定國名的邏輯是沿用尼日的英

非洲各國國旗多為紅色、黃色和綠色的原因

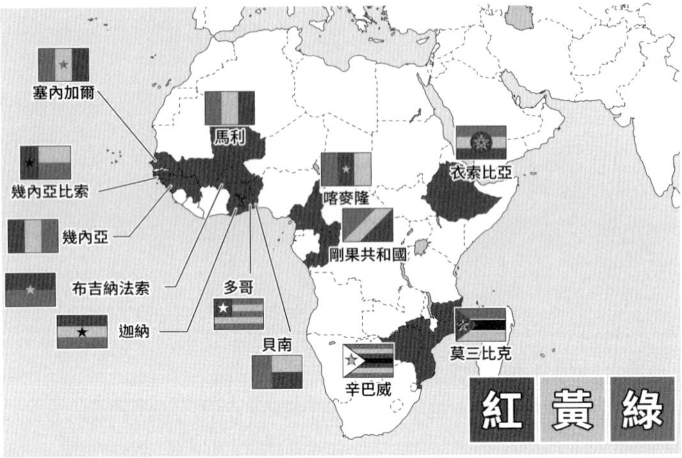

語Niger，並且在後方加上代表國家的ia，用英語唸起來就是奈及利亞（Niger+ia）。

原本同屬尼日地區，卻被法國和英國瓜分，最終成為現在看到的兩個國家。

非洲大陸上的各國，國旗上經常使用的顏色是紅、黃、綠，各位認為原因是什麼呢？

原因在於非洲有許多國家都是歐洲各國的殖民地，唯有衣索比亞一直到一九三六年被義大利占領為止，保

持了約三千年的獨立。其他國家也想學習衣索比亞堅強的精神，所以就參考該國國旗的三種顏色來制定自己的國旗。

◉不上色保持留白的原因

仔細觀察地圖上的非洲大陸，可以發現有些地方是白色。其他在印度北部和日本附近，同樣也有在地圖上以白色來標示的部分。到底這些留白的部分代表什麼意思呢？

在製作地圖時，通常會用不同顏色來區別不同的國家，但是決定塗上什麼顏色，其實是一件非常微妙的事情，塗上特定的顏色可能引發政治上的問題，因此有些地方不上色而保持留白。

以日本地圖為例來說明，日本在簽訂《舊金山和平條約》之時（一九五一年），約定放棄庫頁島南部和千島群島。但是，俄羅斯（當時的蘇聯）並未在該條約上簽

地圖上的白色部分代表什麼意思？

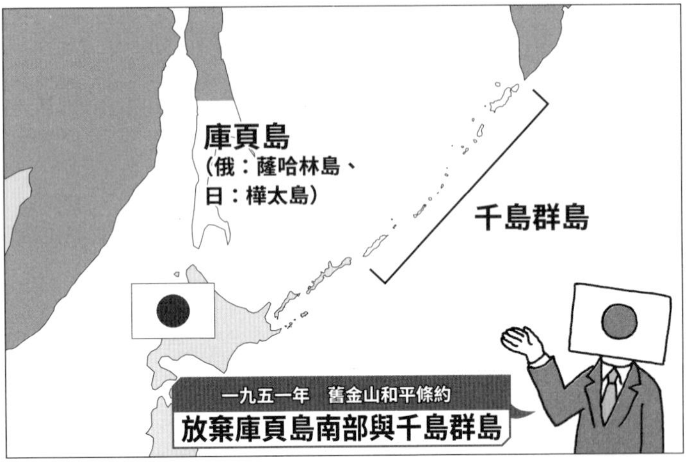

字。

也就是說，日本與俄羅斯之間並未正式劃定國界，導致雙方對南千島群島（日本稱北方領土）的主權歸屬尚未定論。

為了劃定國界，日本與俄羅斯必須簽訂和平條約，但是兩國至今並未簽署任何和平條約。

日本雖然宣布放棄庫頁島南部和千島群島，但是放棄之後並不代表承認俄羅斯擁有這些地區的主權。因此在地圖上才會留白，表示這些地區不是任何國家的領土。

承上所述，地圖上留白的意義，也代表著日本與俄羅斯必須早日解決北方領土的主權問題，並且進一步劃定兩國國界。

第5章

透過地緣政治學解讀「日本安全」

日本如何對抗世界上的威脅？

◉四周環海的島國易守難攻

日本是一個四周都被海洋包圍的島國。從地緣政治學的角度來看，海洋是一堵天然屏障，使得島國具有外敵難以入侵的特性。若是在陸地上與他國領土相連的國家，就必須提心吊膽，深怕哪一天鄰國會跨越國境入侵進來，但日本在歷史上幾乎不用為此事擔憂。

但是，日本也不是從來沒有遭受外敵入侵，特別值得一提的是日本史上著名的大事件——鎌倉時代的元寇。興起於蒙古高原的大元大蒙古國，征服了位於朝鮮半島上的高麗國之後，對日本發動進攻。

文永之役（一二七四年），當時元軍的兵力約為三萬人，行經對馬島和壹岐島，最終於博多登陸。鎌倉幕府則派遣「御家人（接受將軍授予領土，負責守護與出戰的武士家族）」前往迎擊，此役以元軍迅速撤退作收，其後亦無更進一步的攻勢。

一二八一年，元軍再次集結大批軍隊入侵，史稱弘安之役。這次元軍的兵力約

從地緣政治學的角度來看日本

十四萬人，具有壓倒性的優勢。雖然日本武士勇猛奮戰，但終究是寡不敵眾，陷入危機，但這時颱風侵襲導致元軍全面崩潰，多數船隻沉入海底，殘存的軍隊敗退回到母國。

接下來衝擊日本的危機，就是因培里（Matthew Calbraith Perry）來航而開啟的幕末動亂期。一八六三年，薩摩藩與英國艦隊發生薩英戰爭，同年還有另外一場延續到隔年的戰事，是由長州藩和四國聯合艦隊（英、美、荷、法）展開的下關戰爭。

在日本史上最大規模的戰爭——太平洋戰爭中，日本各地都遭受美軍空襲，沖繩更是成為地面戰的戰場；在戰爭結束前不久，廣島跟長崎還發生了遭原子彈轟炸的慘劇。

即便日本有這樣的歷史，但我們可以說，所幸日本是島國，因此很少遭到外國攻擊。

如今戰爭結束將近八十年，在這段期間中，日本國民享受著戰後的和平。但是，隨著科技進步帶動武器飛躍性的發展，這個時代即使是四面環海的島國，也不能保證絕對安全。

現在日本必須擔心，隨時都可能有飛彈從遙遠的地方飛來，而散布在廣闊大海中的離島，也隨時可能被登陸占領。

◉日本周邊就有三個擁核國家！

讓我們試著一同思索東亞的地圖，有三個國家不僅鄰近日本，而且擁有核武，甚至不斷強化自身的軍事力量並對他國抱持侵略態勢，這些國家分別是俄羅斯、北韓，還有中國。

俄羅斯在二〇二二年二月突然入侵鄰國烏克蘭，導致國際社會陷入大混亂。冷戰結束後，俄羅斯本來應該負起維護世界和平的責任，現在卻做出侵略他國的暴行。從入侵之後，烏克蘭東部和南部仍被俄羅斯占領，並且看不出撤退的跡象。

在東亞，俄羅斯至今仍舊非法占據日本的北方領土，即使日本長年要求俄羅斯應當歸還，但他們卻置之不理。俄羅斯不僅強占北方領土，最近還加強有效控制（Effective Control）的力道，試圖將這四個島改建成軍事基地。

北韓的情況又是如何呢?第二次世界大戰結束後，朝鮮半島的北部被蘇聯所占領。北韓在一九四八年接受蘇聯援助而獨立建國，並且奠定了最高領導人金日成得以支配整個國家的基礎，自此之後，北韓就成為金氏家族世代相傳的獨裁國家，直至今日。

獨裁國家恐怖的地方在於，只要位在權力頂點的獨裁者一聲令下，沒人知道他們會做出什麼事情。事實上北韓也確實素行不良，一九五〇年入侵韓國引發韓戰，漢城奧運會前一年的一九八七年，北韓發動恐怖攻擊，在空中炸毀一架大韓航空的客機，造成機上一百一十五名乘客全數罹難。以橫田惠為首，多數日本人遭到綁架的事件，也是出自北韓之手。

北韓的核武與彈道飛彈技術，也一步步穩定地提升。第三代最高領導人金正恩（朝鮮勞動黨總書記），特別重視這件事並投注大量資源。北韓過去總共實施六次核子試爆，其中有四次是發生在金正恩時代。距離第六次核子試爆（二〇一七年九月）已經過了五年以上，專家指出北韓隨時有可能進行第七次核子試爆。

另外，彈道飛彈的發射數量，相較於第二代金正日在位時是十六枚（一九九四年

北韓實施核子試爆與發射彈道飛彈統計圖

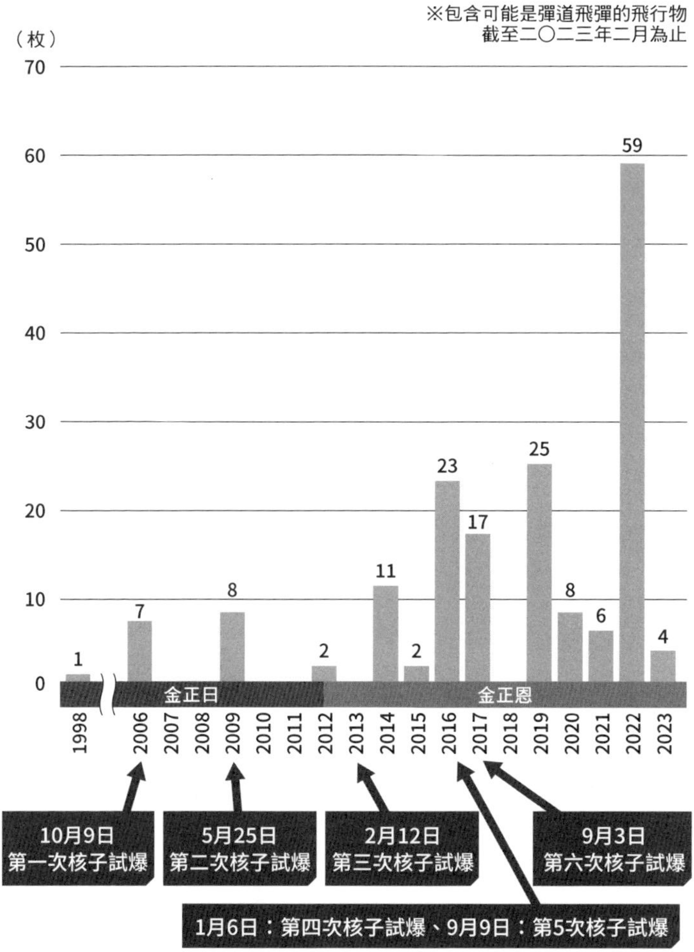

出處：防衛省資料

～二〇一一年），金正恩繼位後增加到高達一百五十七枚（二〇一二年～二〇二三年二月）。（出處：日本防衛省）

特別是二〇二二年總數是五十九枚，幾乎每個月都試射飛彈，其中有些飛越日本上空，有些則墜入日本的經濟海域（Exclusive Economic Zone，簡稱ＥＥＺ）。

更讓日本感到頭痛的是，比一般飛彈飛行軌道更高的高飛軌道（Lofted Trajectory）彈道飛彈，這種飛彈會以近乎垂直的角度落下，可說相當難以攔截。還有另一種飛行速度高達五馬赫（五倍音速）以上，而且飛行軌道不規律的飛彈——極音速飛彈，也是非常難攔截下來。不管怎麼說，只要日本同時遭受多枚彈道飛彈瞄準攻擊，想要全部攔截，就現實面來說，是不可能做到的事。

北韓除了正在開發能夠飛抵美國本土的洲際彈道飛彈之外，另一方面也擁有覆蓋韓國與日本國土的短程、中程彈道飛彈。日本政府就認為，「北韓對我國的國家安全帶來嚴峻且急迫的威脅。」（《二〇二二年版防衛白皮書》）

至於中國與日本的關係，自從一九七二年簽訂《中日聯合聲明》以來，創造了一段中日友好的歷史，日本與中國在經濟上的關係也日益加深，許多日本企業進駐中國。但是，從一九九〇年代起，中國經濟持續成長，以此為基礎，中國開始致力於增強軍備，到現在中國軍事力量已經極為強大，甚至可說追上美國只是時間問題。不只如此，中國擠下日本成為世界第二大經濟體，也已經是二〇一一的事情。

憑藉著軍事與經濟的實力，原則上屬於陸權國家的中國，為了掌握海權，也開始積極涉足海洋。

還不只這樣，中國近年在南海建造了七個人工島嶼作為軍事據點；他們之所以會採取這種堪稱蠻橫的做法，或許和其身為一個擁核國家帶來的深厚自信脫不了關係。

美國國防部在二〇二二年十一月發布有關中國軍事實力的報告書，指出中國擁有的核彈頭數量，估計已經超過四百枚。而且，中國還計畫於二〇二七年增加至七百枚，二〇三五年更可能達到一千五百枚。

全世界擁有核彈頭的國家，第一名是俄羅斯（五千九百七十七枚），第二名是美國（五千四百二十八枚），從報告書中我們可以得知，排名第三的中國正在急起直追。（出處：斯德哥爾摩國際和平研究所，二〇二二年一月推算）

雖然至今中國未曾利用核武作為威脅手段，但是到了緊要關頭將會採取什麼樣的行動，仍舊是個未知數。

◉日美海權同盟與作為緩衝區的韓國

日本面對上述三個國家的軍事威脅，應該採取什麼樣的對策，才能守護國家安全呢？

在三個擁核國家包圍下，日本想要不過度依賴任何一國，單憑自身的力量守護國家，可說是不切實際。誠如第一章所述，地緣政治學將島國分類為海權國家；故此，身為海權國家的日本，就與同為海權大國的美國訂定盟約，在美國協助下，守護日本的國家安全，這就是美日海權同盟。

放眼東亞整體現況，美國和韓國已經結為同盟。如同北韓被中國視為緩衝區般，位於朝鮮半島南部的韓國，從日本和美國的視角來看，也正是一個緩衝區。

過去發生韓戰的時候，最初是北韓軍隊占有優勢，隨著戰事演變，韓國曾經一度陷入即將亡國的危機狀況。雖然之後以美軍為主力的聯合國軍隊發動登陸作戰，成功逆轉情勢，但倘若當時韓國戰敗，導致整個朝鮮半島落入北韓手中，現在世界局勢會變成怎麼樣？可以想見，日本將面臨北韓更加巨大且嚴峻的威脅。

換言之，有作為緩衝區的韓國在三十八度線與北韓對峙，並有締結同盟關係的美國協助，才得以防止北韓發動無法預期的衝突。

就像這樣，美日同盟和美韓同盟，加上日韓攜手組成美日韓三國的合作關係，確保了東亞的安全，連帶守護了日本國土，這便是保障東亞地區安全的基本架構。

具體來說，海權大國美國在日本設置美軍基地，是要對北韓，乃至俄羅斯、中國施加壓力。第三章也曾說明過，能夠同時牽制擁有核武的三個國家，就只有處於絕佳地理位置的日本列島。因此美國才會在日本各地，設置為數眾多的軍事基地。

◉台灣有事的話，石垣島和釣魚臺群島將面臨何種衝擊？

近期東亞正面臨一個重大的問題，那就是台灣與中國的關係。在習近平史無前例連任第三屆後，就展現出統一台灣的強烈慾望，同時他更明白表示不排除使用武力作為最終手段，此舉更讓眾人危機意識高漲。

即使各國都認為中國應該不至於失去理智，做出行使武力侵略台灣的行為，但是看到俄羅斯竟然真的入侵烏克蘭，多數人也不得不去思考，「中國說不定真的會攻打台灣」。

若是中國真的攻打台灣，從中國的視角來看，石垣島和釣魚臺群島就會成為阻礙。只要日本在這些地方設置軍事據點，阻撓中國軍隊推進，中國軍隊就無法隨心所

如果中國攻打台灣

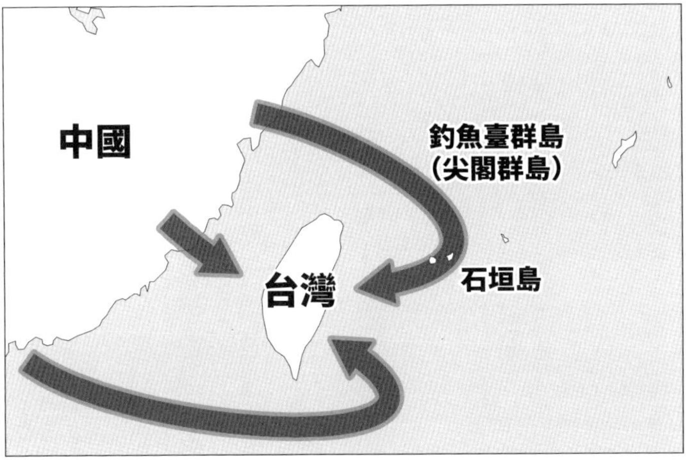

欲展開作戰計畫。

相反地，中國若是真要攻打台灣，首先可能就會奪取石垣島和釣魚臺群島。只要占領這些島嶼，中國軍隊就能將之作為入侵台灣的出擊基地。

因此，日本堅決守住石垣島和釣魚臺群島，就代表著不允許中國入侵台灣，更不會讓台灣遭受侵犯的意義。

◉「或許烏克蘭就是明日的東亞」

看到俄羅斯入侵烏克蘭，我想有些人心裡會感到不安而認為：「俄羅斯好可怕，會不會打到日本來呢？」

那麼，對於俄羅斯的威脅，該怎麼思考才好呢？首先必須回想一下北方領土遭到非法占領這件事。

在第二次世界大戰中成為戰勝國的俄羅斯（過去的蘇聯），在日本表明戰敗，並願意投降的意思後，仍然持續對日本展開攻擊。

日本在一九四五年八月十四日，向盟軍陣營通告決定接受《波茨坦宣言》，並在十五日對國民發表此事，隔天更是對日軍全體部隊下達命令，以十八日下午四點為限，全軍停止戰鬥。

然而，從八月二十八日到九月五日之間，蘇聯軍隊卻仍舊攻擊並占領北方領土。雖然日本不斷提出抗議，表示蘇聯違反國際法強占本國領土，但俄羅斯卻主張那些都是戰勝國正當取得的領土。

實際上，當時蘇聯最高領導人史達林（Iosif Vissarionovich Stalin），並不滿足於只取

蘇聯軍隊占領北方領土　1945年

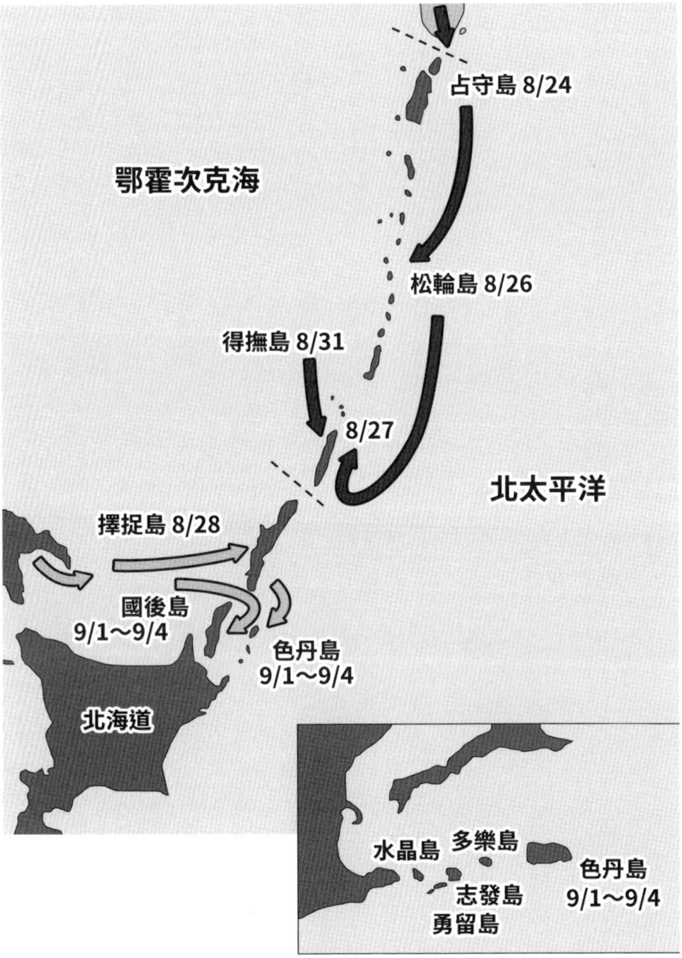

出處：日本外務省《我們的北方領土2020年版》

得北方領土，還想更進一步占領北海道東半部。但是，當蘇聯軍隊南下攻打千島列島時，遇上日軍殊死抵抗，拖延蘇聯軍隊抵達北方領土的時間，因此最終無法登陸北海道本島。

戰後的日本，特別是冷戰結束後，一直持續持與俄羅斯交涉，希望簽訂和約來解決北方領土問題。這項交涉工作從冷戰結束至今已經堅持了三十年以上，但是俄羅斯在入侵烏克蘭之後，馬上就單方面停止一切交涉。

因為無法締結和約，日本和俄羅斯的關係依然處於不正常的狀態。

日本首相岸田文雄在二〇二二年五月訪問英國之際，曾表示「或許烏克蘭就是明日的東亞」。俄羅斯入侵烏克蘭一事，幾乎所有人都預想不到。如此一來，在東邊與俄羅斯毗鄰的日本，可能也會遭遇相同的危機，岸田首相這番發言的意思就是如此。

日本身為G７（七大工業國組織）成員之一，對於俄羅斯這個侵略者施以經濟制裁，而俄羅斯也以此為由，將日本視為不友善國家。

現在，俄羅斯在烏克蘭投入大量的兵力，暫時沒有餘力對日本出手。但是，萬一俄羅斯在留有餘力的情況下停戰，或是戰勝烏克蘭的話，今後，只要遇到有機會，很難說俄羅斯不會對敵國日本露出獠牙。

◉只靠日美韓三國無法守護東亞！

圍繞日本的安全保障環境，可說是一年比一年還要嚴峻，其中一個主要原因，就是逐漸發展成軍事大國的中國。

中國致力加強軍事實力，是因為他們具有長期性的野心與目標。這項目標，就是超越美國成為世界第一大國。中華人民共和國將在二〇四九年迎來建國百年，他們希望到那時中國能在經濟實力與軍事實力兩方面，都站在世界的頂點。

中國如此積極想要擴展對海洋的影響力，目的就是為了達成上述的目標。「歷史上沒有任何一個國家能夠成功同時掌握陸權與海權」，這是地緣政治學的見解。但

索羅門群島和中國締結安全協議

照片：達志影像

是，現今的中國看來就是真的想要掌握這兩種權力。

隨著國際環境日益嚴峻，單憑日美海權同盟或日美韓三國合作，實在很難守護東亞地區的安全。特別值得關心的區域是釣魚臺群島，以及台灣是否真會發生戰事。

◉澳洲成為日本的準同盟國

在情勢變化的影響下，有個國家與日本的軍事合作更加緊密，各位是否知道是哪個國家呢？

提示是日本進口最多牛肉的國家（出處：「財務省貿易統計」二〇二一年），聽到這個提示，其實就等於說出答案了，那就是Aussie Beef的生產國澳洲。

說起日本的同盟國，最先浮現腦海的是美國，但其實澳洲也開始與日本加強軍事層面的關係。日本與澳洲之間，並沒有像日本與美國締結的《日美安保條約》這類協定；但取而代之的是，自衛隊與澳洲軍隊實施共同軍事演習，或是共同開發防衛裝備，在安全保障方面的合作關係愈來愈密切。

現在還有許多合作事項，足以證明澳洲堪稱是日本的準同盟國，亦即是說，對日本而言，澳洲的的確確是一個重要的盟友。

◉中國海軍在澳洲周邊海域出沒

日本和澳洲兩國會加強軍事層面的合作關係，其原因與中國的存在有著巨大關聯。

中國積極向海洋擴張勢力，其觸手不僅伸向南海與東海，甚至連南太平洋也遭受波及。最終造成的結果，就是中國海軍艦艇頻繁出沒在澳洲周遭海域，而澳洲也對此深感威脅。

澳洲北方和東側到赤道附近，有親日的帛琉、密克羅尼西亞、馬紹爾群島等為首的南太平洋島嶼各國，共有十四個國家。

中國與這十四個國家中的十國締結外交關係，並加強彼此之間的合作關係。甚至於在二〇二二年四月，中國還和索羅門群島締結了安全協議，此舉也讓澳洲和美國受到相當程度的衝擊。

在不久的將來，可以預想中國會在索羅門群島設置軍事據點，而澳洲軍隊與美國軍隊在太平洋上的合作聯防，恐怕會因為中國海軍的阻撓而滯礙難行。從澳洲到美國設置軍事基地的夏威夷和關島之間的海面，或許會因此無法自由通行。

日本進口品項各國占比（二〇二一年度）

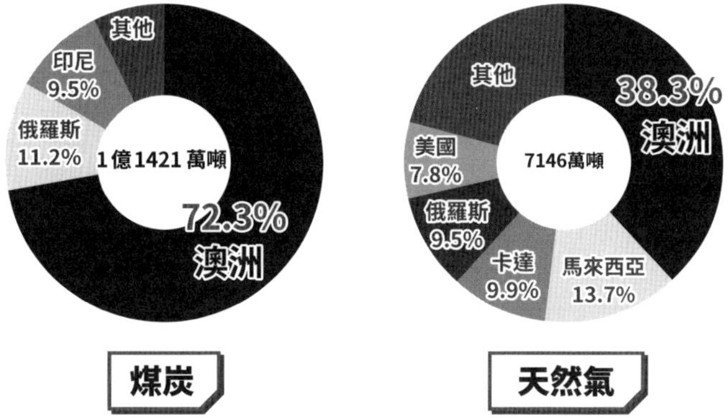

出處：參考日本財務省「日本貿易統計」資料製作

接下來可能會有愈來愈多國家和中國簽署安全協議，這使得澳洲面對的中國威脅益發嚴重。

另一方面，日本也因為釣魚臺群島和台灣問題，感受到中國帶來的威脅，此一情勢讓日澳兩國產生了共同的問題意識。

而且，日本和澳洲都是奉行民主主義和資本主義的的國家，如此一來，價值觀相同的兩國自當更進一步深入交流，讓彼此的關係更加友好，在軍事方面共同攜手合作。

◉經濟面也無法脫鉤的重要國家

日本每年從澳洲進口大量牛肉，但是澳洲進口到日本的貨物並不只這項，我們生活中許多不可或缺的物資，也都是從澳洲進口，各位知道還有什麼品項嗎？

最主要還是能源資源，日本進口的煤炭有七成以上來自澳洲，另外一項讓人有點出乎意料、鮮為人知的品項，則是天然氣。日本進口天然氣最大量的國家，還是澳洲，大約占了總量的近四成。

日本需要的能源資源，大半都是仰賴從海外進口，若是無法從澳洲進口煤炭和天然氣，將是涉及生死存亡的問題。

特別是由於俄羅斯入侵烏克蘭，導致全世界都陷入能源供給不足的當下，更突顯出對日本而言，澳洲的存在有多麼重要。

中國想要掌握RCEP的主導權

◉中國對RCEP的影響力極大

最近，在新聞節目中經常可以聽到的國際性貿易組織當中，日本參加的亞洲經濟組織是RCEP。

RCEP的中文是「區域全面經濟夥伴協定」，除了日本之外還有中國、韓國、澳洲、紐西蘭，以及東南亞國協的十個國家都加盟其中。過去日本十分重視太平洋兩岸諸國組成的TPP（跨太平洋夥伴關係協議），但是美國在川普（Donald John Trump）政權時期脫離該組織，因此亞洲各國另起爐灶創建一個相似的組織，RCEP就此應運而生。

加盟國調降彼此之間的關稅，讓貿易活動更加熱絡，這就是各國簽訂RCEP的目的。

但是，該組織有一個問題，那就是美國並沒有加入，使得中國利用經濟規模取得極大影響力。中國在組織中可謂是一股巨大的勢力，換句話來說，要說RCEP是由中國掌握主導權也不為過。

◉Quad與IPEF形成中國包圍網

就經濟層面來看，對日本而言，中國的確是不可或缺的存在，但站在軍事層面來看，日本也必須思考台海危機等問題帶來的威脅。

於是，日本、美國、澳洲和印度四個國家便組成Quad（四方安全對話），Quad在英語中即是「四方」的意思。

Quad利用支援基礎建設等手段與中國對抗

美國與中國從川普執政以來就一直處於對立的狀態，即使拜登（Joseph Robinette Biden）上台後，情況依舊沒有改變。澳洲與中國的關係，正如先前所述，對立十分激烈。而印度也與中國發生過戰爭，近年又在中印國境未定的印度東北部，發生了軍事衝突（二〇二二年十二月）。

Quad就像這樣，是由四個對中國抱持強烈危機感的國家組成，以實現「自由開放的印太地區」為願景，針對提供可持續運用的基礎建設、氣候變遷對策，以及包括保障國家安全在內等問題，由四國之間共同合作。

在提供可持續運用的基礎建設這一點上，不同於中國的做法，先以高利率放款給償債能力明顯不足的國家，協助他們整建基礎建設，等到對方無法如期還款時，再趁機奪取該項基礎建設，Quad不會對成員國這麼做，因為這種做法根本上就違背了持續可運用的宗旨。Quad的做法是，先審慎評估各國的還款能力，盡量以較低的利率借出款項，整建好基礎建設後，必須讓該國享受到基礎建設帶來的利益，Quad明確表示，這才是援助成員國的正確做法。

從上述的例子來看，各位應該也能明白，Quad的成立宗旨，其實也包含了與中國競爭對抗的意識。

另外還有一個組織，是由沒有加入RCEP的美國提出並主導的經濟合作框架，名為IPEF，這個組織的目標也是對抗中國。

IPEF全名為「印太經濟框架」，從名稱可以看出，該組織沒有使用「協議」

IPEF是一個寬鬆的合作架構

或「聯盟」這類詞彙。雖然有十四個國家參加，但現階段拘束力相當薄弱，僅是一個寬鬆的框架而已，簡單來說就是「總之，大家好好相處」的程度。但是，美國和日本逐漸充實該框架的具體內容，目的就是形成一個中國包圍網。

雖然日本為了維持與中國的貿易關係才加入RCEP，但是和美國維持良好關係更為重要，因此才會選擇也加入IPEF。

◉目前備受關注的經濟安全保障是什麼？

飽受俄羅斯、北韓和中國威脅的各國，為了保障自己的國家安全，不能僅仰賴軍事實力，還必須具備有別於軍事之外的觀點。

最近備受矚目的事情，就是確保必要的物資存量，並防止最新技術外流，進而守護安全的「經濟安全保障」這個想法。提到安全保障，一般印象中都是軍事、防衛方面的事項，但是經濟安全保障則是守護國家不受到他國在經濟上的威脅，和守護國家不受武力攻擊的安全保障是不同的概念。

讓人注意到經濟安全保障的契機，是新冠病毒疫情在全世界大流行一事。在新冠病毒擴散的當下，很快就發生口罩缺貨的情況，許多人直到那時才發現，日本的口罩幾乎都仰賴從中國進口，因而為此大吃一驚。多數日本人內心期盼有國產疫苗可以施打，結果卻事與願違，日本主要還是使用美國進口輝瑞或是莫德納生產的疫苗。日本的醫學和醫療水準照理說應該很高，但還是只能從海外進口疫苗。

新冠病毒全世界大流行對日本的影響

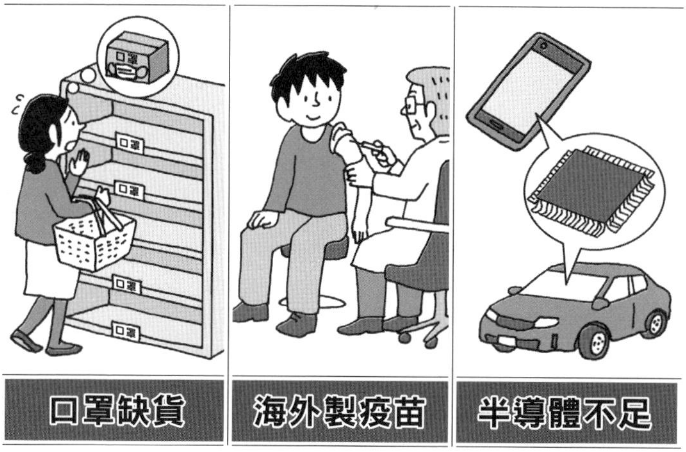

生產智慧型手機或電腦、汽車、家電等產品時不可或缺的半導體，日本大半也是仰賴進口，因此當海外企業受到新冠病毒影響，被迫停止產線運作時，日本馬上就陷入半導體不足的窘境。

就像這樣，由於日本所需的重要物資都仰賴進口，只要世界上發生什麼大災害或是戰爭、紛爭，這些物資就無法輸入日本，導致國民為之感到困擾。因此，日本記取教訓，開始避免過度依賴特定國家或地區的物資供

守護國家的「經濟安全保障」有哪些？

應，改為自行開發，並將這樣的做法廣泛推展至各領域。政府也針對自主開發的企業，推出各種財政上的支援政策。

另外，在開發多方面的物資供給來源之際，大原則是盡可能避開對本國造成威脅或高風險的國家，靈活運用外交網絡，轉向與同盟國或關係友好的國家，或是風險較低的國家進行貿易。

俄羅斯入侵烏克蘭之後，各國對俄羅斯進行經濟制裁，而俄羅斯也以停止提供天然氣作為反制手段，德國等仰賴俄羅斯進口天然氣的歐洲各國，為了取得替代的能源資源而煞費苦心，而且價格暴漲也使得各國傷透腦筋。

過度依賴由俄羅斯這類高風險國家進口天然氣，最終造就了這場悲劇。

最新技術外流的問題源自於數位攻擊。美中對立和俄羅斯與烏克蘭的問題，使得數位攻擊的威脅不斷上升。

日本國內許多基礎建設和企業也是攻擊的目標，來自敵對國家的駭客集團，對日本各家企業展開數位攻擊，將企業擁有的最新技術與情報全部偷走的事件也時有耳聞，這對日本經濟帶來重大的打擊。

雖然日本政府為了因應這種事態，加強了對數位攻擊的防範對策，但是各大企業也必須抱持更高的危機意識，竭盡全力防止技術外流。

◉增加防衛經費為安全保障政策帶來巨大轉變!?

二〇二二年底，增加防衛經費的問題迅速浮上檯面。面對世界局勢動亂，特別是東亞的威脅日益加劇，日本的防衛面臨著巨大的變化。

俄羅斯侵略與動用核武的威脅，中國對台灣近海實施飛彈試射，加上北韓以史無前例的頻率，不斷發射彈道飛彈，上述種種情況都讓日本周遭的環境，陷入顯而易見的威脅；對此，岸田內閣表明方針，將大幅提升防衛經費。

具體來說，日本政府打算做哪些事情呢?首先讓我們先從增加了多少防衛經費看

防衛經費增額概念

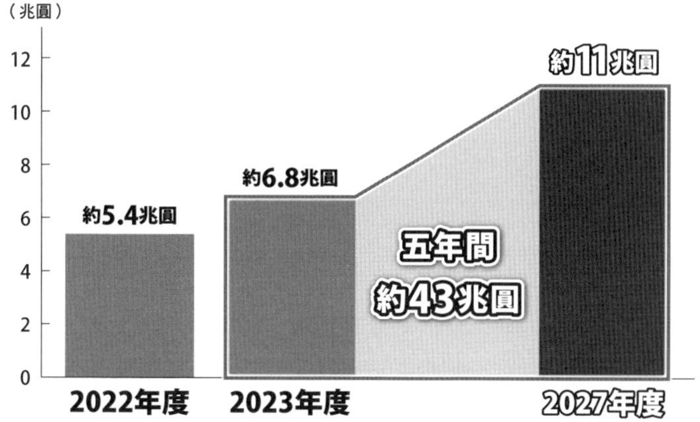

主要國家的國防預算(二〇二一年度)

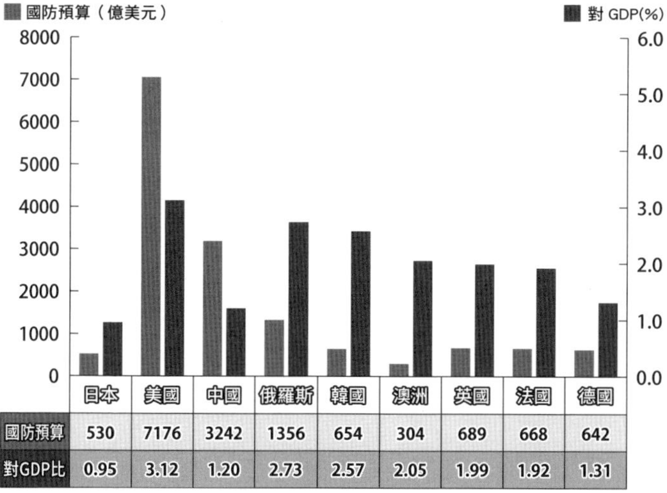

	日本	美國	中國	俄羅斯	韓國	澳洲	英國	法國	德國
國防預算	530	7176	3242	1356	654	304	689	668	642
對GDP比	0.95	3.12	1.20	2.73	2.57	2.05	1.99	1.92	1.31

出處：日本防衛省《令和四年版 防衛白皮書》

決定提高兩倍防衛經費

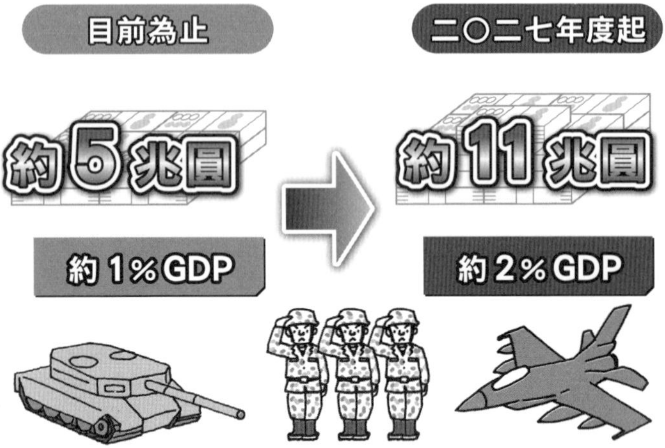

起。

二〇二二年度的防衛經費約為五兆四千億日圓，二〇二三年度增加到至今最高的金額、約六兆八千億日圓。隨後五年間預計逐年增列，到二〇二七年計劃要達到每年約十一兆日圓。

到目前為止日本的防衛經費大約都保持在GDP（國內生產毛額）的一%，金額大概在五兆日圓的水準，增加到十一兆日圓就占了GDP約二%，一口氣提高了兩倍之多。

從這些數字來看，這次的決定可說是劃時代，而且也能看出是一項極為重大的國家政策方針轉換。

倘若五年後防衛經費真的提高到GDP的二%，和世界其他國家比較起來是怎麼樣呢？百分之二究竟算高，或是算低呢？

和其他國家比較起來，可以說是已經趕上幾乎相同的水準。從已知的資料來看，二〇二一年度時，日本的防衛經費對GDP比為〇．九五%，但美國是三．一二%、俄羅斯是二．七三%、韓國二．五七%、澳洲則是二．〇五%。日本如果提高到二%的話，大體上就達到和其他國家相同的比例。

要說究竟百分之二這個數字是怎麼決定下來的，參考對象是北約。北約要求加盟國必須設定目標，提撥GDP的二%作為國防預算。

實際上，二〇二一年度德國和法國的國防預算都未能達到二%，直到現在才急忙著手提高預算，希望能達到目標。日本也是至今為止防衛經費占GDP的比例都偏低，所以才要一舉提升到二％。

但是，五年時間想要提高兩倍預算並不是一件簡單的事情，因此日本政府才會以北約作為參考基準，想把過去沒有提撥至防衛經費中的經費補齊。

◉增加預算用以強化防衛能力的七個領域

關於增加國防預算會用在什麼地方，可以從下頁的圖說得知，日本政府提出七個項目，作為強化國防的重點實施對象。（「國家防衛戰略」二〇二二年十二月內閣決議）

其中特別引發議論的項目有①遠距（Stand-off）防衛能力與②整合防空飛彈能力。

①「遠距防衛能力」聽起來有點難理解，簡單來說就是計畫讓自衛隊擁有遠距飛彈。遠距是「射程外」的意思。遠距飛彈的作用，就是能在敵軍的射程外，亦即能在敵軍攻擊範圍之外發射的飛彈。

增加的經費做了哪些事？

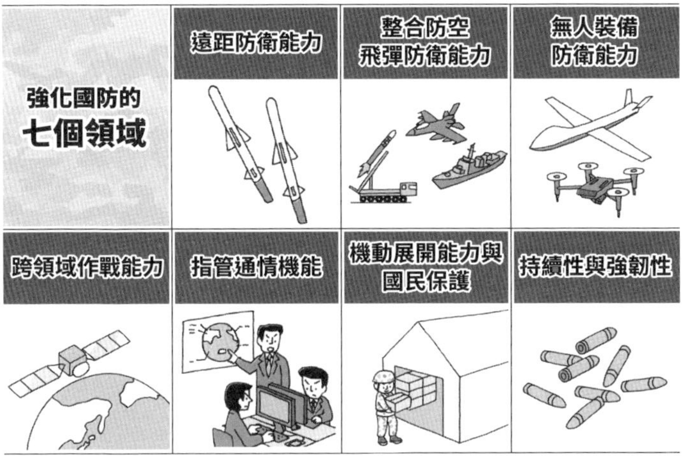

政府表明方針，希望能在日本開發具有上述功能的遠距飛彈，但是這項計畫需要一段時間才能實現，因此在這段期間就先向美國購入該種類的飛彈，以彌補研發空窗期的防衛能力。

為什麼現在要特別提起這件事，原因在於日本是以專守防衛為基礎，一直以來都沒有能夠攻擊他國的遠距飛彈。

所謂專守防衛的意思，就是遭受他國武力攻擊時，能夠使用武力保衛本國，但行使武力的規模必須控制在必要的最小限度。既然行使武力維持在必要的最小限度，那麼就沒必要配置可以飛到他國的遠距飛彈。由於過去約定遭受他國入侵時，美軍會負起反擊的責任，因此日本沒有遠距飛彈。

但是，最近「果然還是需要遠距飛彈」、「不要完全依賴美軍，日本也要擁有遠距飛彈比較好」的意見愈來愈多。

②「整合防空飛彈防衛能力」解釋起來有點複雜。現在日本的飛彈防衛系統分成兩個階段，當受到他國飛彈攻擊時，首先是海上自衛隊的神盾艦發射飛彈迎擊，倘若有漏網之魚，則由陸上的高射隊（隸屬於航空自衛隊）發射愛國者飛彈（PAC-3）在空中迎擊。整合防空飛彈防衛能力就是加強現有的飛彈防衛系統來提升迎擊能力，並且使用遠距飛彈對敵軍的發射據點進行反擊，藉此防止敵軍發動更進一步的攻擊。

這樣的反擊策略，預設是在敵軍發動飛彈攻擊前，在掌握徵兆的同時，便直接毀滅對方的發射據點。關於這樣的策略是否妥當，仍有爭議尚未釐清，關於這一點稍後會有解釋。

另外，引進無人機及加強數位安全，確保彈藥存量充足，重新整建老舊的自衛隊設施，這些事情都需要花費大量預算。

◉對敵方基地攻擊能力（反擊能力）是什麼？

日本的國防將發生巨大的變化，主要就是透過引進先前提到的遠距飛彈等措施，確保對敵方基地攻擊的能力。

對敵方基地攻擊能力也稱為反擊能力，也就是摧毀敵方基地的能力。日本政府的意圖是要利用這項措施，抑制敵方發動攻擊的想法，但是實際執行起來將產生許多衍生問題。

舉例來說，發現某國有針對日本發動攻擊的徵兆，在對方動手前先發制人摧毀整個計畫，這就是所謂對敵方基地攻擊能力。

但是，這一點其實不可能做得到。就算我們發現某國有發射飛彈的徵兆，但實際上是試射訓練，還是朝向日本以外的目標發射，又或者真的是瞄準日本發射飛彈，說到底根本無法判斷，這正是問題所在。

就算真能判斷出敵方企圖針對日本發射飛彈，在那之前日本為了破壞發射據點，而搶先發射遠距飛彈的話，對方就會振振有詞說「日本發動攻擊，我們是因為遭受攻擊才進行反擊」，結果反而落人口實，這就是上一段所說不可能做到的理由。

對於日本想要擁有對敵方基地攻擊能力一事，海外各國抱持什麼樣的看法呢？

美國是抱持極度贊成的態度，特別是遠距飛彈這一項目，由於日本現在才開始著手開發國產飛彈，所以在開發完成之前只能依賴美國。美國有一種名為「戰斧」的巡弋飛彈，據說最新型的一枚要價二至三億日圓；日本願意出資購買，對美國而言自然是一門好生意。

遇到緊急狀況也難以發揮的「對敵方基地攻擊能力」

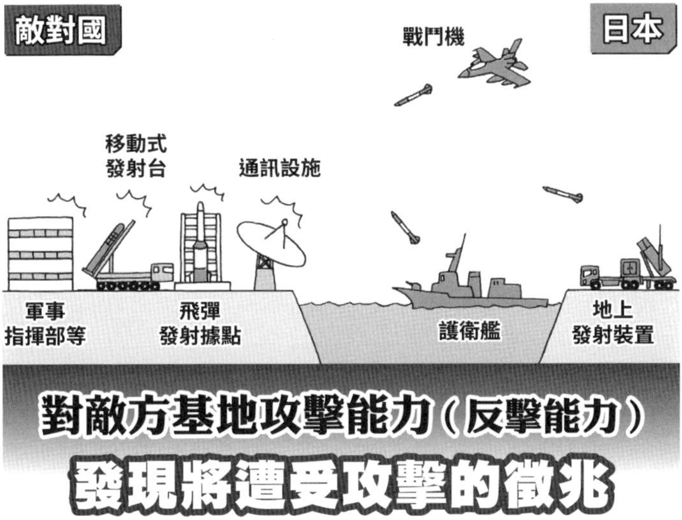

中國、北韓和俄羅斯當然強烈反對。站在日本的立場來看是「你們都投入大量資源來加強軍備，我們也不得不採取因應措施」，但這些國家的論調則是「日本加強攻擊能力，那我們也要有應對的防範能力」，因而更加強化軍備，最終會演變成一場軍備競賽。

◉防衛經費不足的一兆日圓該如何補足？

從國際局勢來看，或許有人會認為「增加防衛經費，也是不得已的事情」，但這筆經費到底該怎麼籌措？即使政府想增加防衛經費，日本還存在著許多必須解決的問題。

少子化、高齡化情況加劇，使得社會福利費用大增，因應少子化的對策也必須付出高額的費用。另一方面，預算的大餅有限，要單單大幅增加防衛經費，實在不是一件簡單的事。如果增加防衛經費，或許會壓縮到其他領域的預算，陷入想增額也無

增加防衛經費並不容易

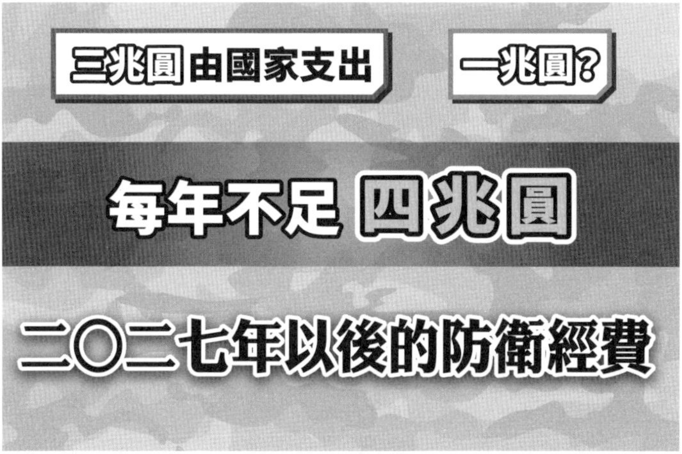

法如願的窘境。該怎麼處理這樣的情況，著實是一大課題。

政府從現在開始分段增加防衛經費後，過了二〇二七年，防衛經費每年將出現四兆日圓缺口，其中三兆日圓由政府節約開支，利用結餘款提撥預算即可補上。

問題是剩餘的一兆日圓，這些不足的部分現階段還沒有找到適當的財源，政府說明表示將以法人稅為主，再加上菸稅、復興特別所得稅，用以補足欠缺的一兆。

一兆日圓增稅案

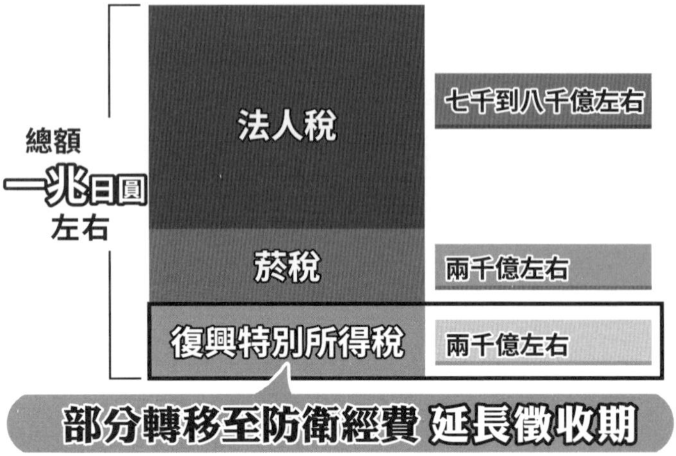

如同上圖所示，光是法人稅預計就能收入七千億至八千億日圓。或許有人會覺得法人稅是企業繳交的稅金，與我們個人無關，但站在企業的立場來看，需要繳納的稅額增加，可能導致「還是不要給員工加薪吧」這樣的後果。或者，他們也有可能透過提高製造的產品或提供的服務價格，想盡辦法來籌措款項以因應新增的稅額。

東日本大震災過後，為了重建受災地，政府設定一段期間徵收特別所得稅，據說其中一部分也將拿來補貼防衛經費。這麼一來，縱然沒有發生天然災害，重建資金也會一直減少。為了避免災害時沒有經費因應，日本政府計畫延長復興特別所得稅的徵收期限。

承上所述，原本看起來以為與自己的生活毫不相關，但實際上卻具有莫大的影響，這一點希望大家記得。

防衛增稅的開始日期尚未決定，日本政府表示在二〇二四年之後，會尋找一個適當的時期按階段實施。

為什麼要定在二〇二四年以後，各位知道原因嗎？因為二〇二五年正好是眾議院四年任期結束，但在這之前應該已經解散國會並舉行大選了。

到底是先議定增稅期間，還是在對此保留模糊空間的情況下解散國會進行大選？這是一個相當重要的關鍵。

專欄5 用地圖認識世界

北極海航路即將開通!?

◉南極冰層融化是地球暖化的影響嗎？

我們經常聽說因地球暖化的影響，南極和北極的海冰正在融化。實際上，的確有數據顯示，海冰的面積正逐年減少。二〇二三年二月南極海冰（海水結凍而成的冰）與二〇〇〇年代同時期的平均面積相比，明顯可以發現海冰面積的減少。

但是，關於南極海冰減少是否真是受地球暖化的影響，目前還沒有一個明確的定論。

其中也有一說認為是氣象帶來的影響所造成。例如夏天發生暴風雨的時候，溫暖的海風吹襲導致海冰融化。

另外，地球繼續暖化下去，將使得海水蒸發得更多，而南極一帶特別寒冷，因

南極海冰融化的原因為何？

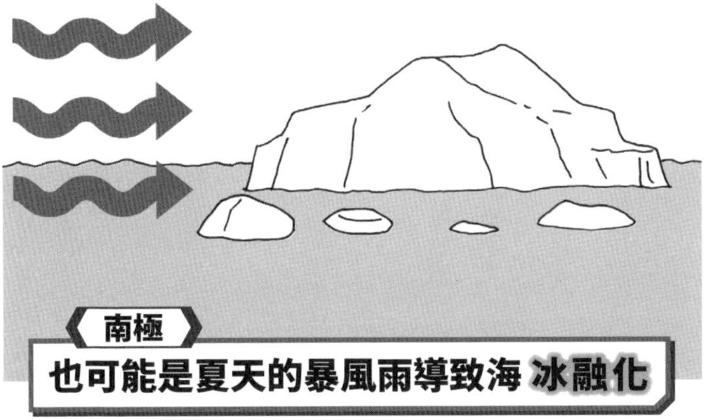

此蒸發的水會變成雪，如此一來降雪量也隨之增加，這些雪最終也會形成冰，因此有一個説法是「地球暖化反而會讓海冰增加」。

關於南極氣候變遷的現象仍有許多未解之謎，目前專家們還在不斷研究中。

◉北極海冰融化將影響全球經濟!?

另一方面，因地球暖化而帶來巨大影響的地方是北極，因為海冰的減少，讓北極海航路即將開通。

過去北極被海冰覆蓋完全無法通行，然而近年夏季海冰大量融化，其面積與一九八〇年代相比，大約減少了一半左右，因此船隻也就能在北極海上航行。

現在想從日本航行到歐洲，必須先從日本出發，行經南海、麻六甲海峽和印度洋之後進入紅海，再穿過蘇伊士運河進入地中海，再從該處航向大西洋，最後到達荷蘭鹿特丹，整段航程大約兩萬公里。

然而，若是能夠使用北極海航路，穿過白令海峽到達德國漢堡，總長大約為一萬三千公里。

航行距離變短則所需日數也會減少，這麼一來，包括燃料費在內的各種運輸成本，很有可能也會大幅降低。就像可以節省約十天的航程般，這條航路對經濟活動，想必也會產生重大的衝擊。

話雖如此，北極海航路也不是只有好處，因為要通過北極海，就一定會和俄羅斯接觸。即使海冰逐漸減少，但也不是完全消失不見，因此想要在北極海航行，就必須

北極海航路將使物流變得更加便利!?

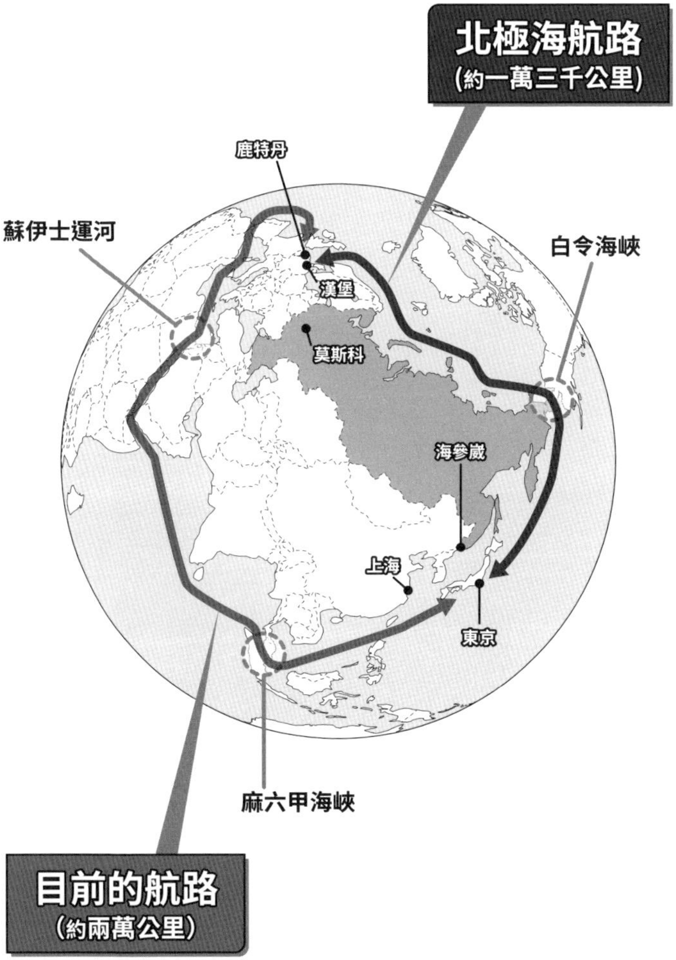

委託俄羅斯的破冰船作為前導。但這項服務並非免費，勢必要支付一筆費用給俄羅斯，而且每一趟前導航程的費用，都要在結束後才能知道具體金額是多少。

這個部分留下許多模糊的空間，或許會有意料之外的高額費用；而中途沒有港口能夠進行補給，也是叫人在意的一點。

北極海航路開通可能帶來物流上的便利，但我們還是必須面對地球暖化的問題，再加上俄羅斯也是個問題頻傳的國家，現實中還有很多難關需要克服。

作者

池上彰

1950年出生於日本長野縣松本市，慶應義塾大學經濟學部畢業後，進入NHK擔任記者，負責社會、災害、教育、消費等專題。1994年4月起，連續11年在「兒童週刊新聞」節目內擔任「父親」角色而聞名。池上彰解說新聞淺顯易懂，不僅深受學生喜愛，也備受成人歡迎。2005年3月，離開NHK轉型為自由媒體工作者，活躍於新聞、雜誌、書籍、YouTube等媒體之中。

他同時擔任名城大學教授、東京工業大學特聘教授等，在11所大學任教。目前在台灣翻譯出版的有《圖解伊斯蘭》、《我們為什麼要讀書？為什麼要工作？：為了得到幸福，希望你能好好思考這些事》、《我們為什麼要賺錢？為什麼要存錢？：運用財富改變未來，了解世界與自己的金錢理財課》等書。

池上彰的新聞頻道：原來如此!!

日本「朝日電視台」全國網路播送的新聞節目，無論是引起廣大討論的諸多新聞，或還不知道就丟臉到難以啟齒的各種新聞，由池上彰從基礎開始簡單明瞭地講解！不管是熟悉新聞的人，或是平常不怎麼看新聞的人，看完節目都能恍然大悟。〈新聞解說〉池上彰，〈主持人〉宇賀夏美。

國家圖書館出版品預行編目（CIP）資料

地緣政治輕鬆讀：原來如此！全民啟蒙師超強圖解，60 張秒懂全世界！ / 池上彰著 ; 李建銓譯 . -- 初版 . -- 新北市 : 明白文化事業有限公司出版 : 遠足文化事業股份有限公司發行 , 2024.07
面；　公分 . --（Horizon 視野 ; 6）
譯自 : 20 歳の自分に教えたい地政学のきほん
ISBN 978-626-97974-8-6（平裝）

1.CST: 地緣政治 2.CST: 國際政治 3.CST: 政治地理學

571.15　　113005975

Horizon視野006

地緣政治輕鬆讀：原來如此！全民啟蒙師超強圖解，60張秒懂全世界！

20歳の自分に教えたい地政学のきほん

作者　池上彰
翻譯　李建銓
總編輯　林奇伯
文字編輯　楊鎮魁、鄭天恩
文稿校對　李宗洋、楊鎮魁
封面設計　Atelier Design Ours
美術設計　Atelier Design Ours

出版　明白文化事業有限公司
地址：231 新北市新店區民權路 108-3 號 6 樓
電話：02-2218-1417　傳真：02- 8667-2166
發行　遠足文化事業股份有限公司（讀書共和國出版集團）
地址：231 新北市新店區民權路 108-2 號 9 樓
郵撥帳號：19504465　遠足文化事業股份有限公司
電話：02-2218-1417
讀書共和國客服信箱：service@bookrep.com.tw
讀書共和國網路書店：https://www.bookrep.com.tw
團體訂購請洽業務部：02-2218-1417 分機 1124
法律顧問　華洋法律事務所　蘇文生律師
印製　博創印藝文化事業有限公司
出版日期　2024 年 7 月初版
定價　380 元
ISBN　978-626-97974-8-6（平裝）
9786269797493（EPUB）
書號　3JHR0006
